本书系教育部人文社会科学研究青年基金项目"高职院校专业建设与区域产业转型升级融合发展研究——基于丝绸之路核心区的实证分析"（项目批准号：18YJC880150）的最终成果；江苏省高等教育教改研究课题"高职专业建设与产业升级融合发展研究——基于苏南地区的实证分析"（项目批准号：2019JSJG404）的最终成果；江苏省"青蓝工程"中青年学术带头人项目（苏教师函〔2021〕11号）研究成果；江苏省"青蓝工程"跨境电子商务优秀教学团队项目（苏教师函〔2020〕10号）研究成果

周 芳/著

高职专业建设与区域产业转型升级融合研究

基于丝绸之路核心区的实证分析

苏州大学出版社
Soochow University Press

图书在版编目（CIP）数据

高职专业建设与区域产业转型升级融合研究：基于丝绸之路核心区的实证分析 / 周芳著. —苏州：苏州大学出版社，2021.9
 ISBN 978-7-5672-3730-8

Ⅰ. ①高… Ⅱ. ①周… Ⅲ. ①高等职业教育－学科建设－研究－中国 Ⅳ. ①G718.5

中国版本图书馆 CIP 数据核字（2021）第 200297 号

书　　名：	高职专业建设与区域产业转型升级融合研究 ————基于丝绸之路核心区的实证分析
著　　者：	周　芳
责任编辑：	刘诗能
装帧设计：	吴　钰
出版发行：	苏州大学出版社（Soochow University Press）
社　　址：	苏州市十梓街 1 号　邮编：215006
印　　刷：	苏州工业园区美柯乐制版印务有限责任公司
邮购热线：	0512-67480030
销售热线：	0512-67481020
开　　本：	700 mm×1 000 mm　1/16　印张：12.5　字数：216 千
版　　次：	2021 年 9 月第 1 版
印　　次：	2021 年 9 月第 1 次印刷
书　　号：	ISBN 978-7-5672-3730-8
定　　价：	58.00 元

图书若有印装错误，本社负责调换
苏州大学出版社营销部　电话：0512-67481020
苏州大学出版社网址　http://www.sudapress.com
苏州大学出版社邮箱　sdcbs@suda.edu.cn

前 言

随着国家供给侧结构性改革的进一步深化,我国的传统产业不断转型升级,而在产业转型升级中对高技术技能人才的需求也不断增加,这就离不开高等职业教育对人才的培育和输送。高等职业教育作为国民教育体系中高等教育的重要组成部分,占据了"半壁江山",其立足地方、服务地方经济,与区域产业发展有着天然的联系,产教融合在现代职业教育体系中的重要地位与作用日益凸显。尤其是党的十九大明确提出深化产教融合,将产教融合由职业教育层面上升到国家战略层面,落实产教融合战略成为产业界、学术界共同关注的课题。在区域产业转型升级背景下,"专业"作为衔接高职教育与区域产业发展的纽带和桥梁,是落实产教融合战略,为区域产业转型升级输送所需的高技术技能人才的立足点和突破口。因而,将高职专业建设与区域产业转型升级置于统一开放的生态系统中,研究两者交互融合在区域产业转型升级进程中对高技术技能人才供给侧改革的重要作用,为支撑区域产业转型升级提供保障,具有很好的理论与实践价值。

本研究以高职专业建设和区域产业转型升级的融合为研究对象,将两者交互融合机理与概念模型作为管理科学、高职教育研究的切入点和着力点。基于供给侧改革、创新驱动战略大背景,综合运用教育学、管理学、经济学、统计学等相关理论和方法,借鉴国内外专业建设与产业升级互动的经验,结合定性分析与定量分析,以丝绸之路核心区为实证分析对象,系统阐释其高职专业建设与产业转型升级的耦合协调度,为精准分析丝绸之路核心区两个子系统融合的现状、问题及成因,系统制定该地区两者融合互动对策提供依据,为推进丝绸之路核心区的产教融合,给产业转型升级输送所需的高技术技能人才提供保障,同时也为政府部门提供决策依据。

第一,在文献综述中,本研究对已有专业与产业互动研究的成果进行了系统梳理和总结,发现有关高职专业与区域产业互动研究的成果较少。从研究内容来看,已有研究聚焦于专业结构与产业结构的匹配性,但围绕专业建设所开展的研究成果相对较少;从研究方法来看,虽然研究中已经运用了定性、定量等方法，但仍以定性分析为主，围绕专业建设与产业发展的耦合度、协调度、耦合协调度等数理定量分析成果很少。并且，在国家"一带一路"倡议背景下，由于丝绸之路核心区的战略地位，专门针对民族地区，尤其是丝绸之路核心区的高职专业建设与产业转型升级融合互动的研究成果十分少。

第二，本研究在已有研究成果的基础上，从协同共演视角着重阐释高职专业建设子系统与区域产业转型升级子系统的交互融合机理和概念模型，即将专业建设与产业升级置于统一开放的生态系统中，围绕知识、人才、技术的供给侧演化，聚焦投资、消费、内外需的需求侧演化，解析基于政策、制度的供需双侧协同共演机理，进而从建立技术技能创新共同体、打造要素资源共享平台、完善协同共演交互机制等方面探索两者交互融合的发展路径，为深化产教融合提供理论基础与价值参考。

第三，本研究从定性与定量两个方面系统、全面地建立了高职专业建设子系统和区域产业转型升级子系统的耦合协调度模型。基于协同共演理论，从规模、结构、质量等三个维度创建两个子系统的耦合协调度模型。其中，高职专业建设从招生规模、就业规模、专业结构、专业投入、师资结构、学生质量等方面创建评价指标体系；区域产业转型升级则从产业规模合理化、产业结构高级化、资源配置高效化等方面构建阶层式评价准则体系，借用熵权法核算各级评价准则的重要性（权重），并建构了完整的高职专业建设与区域转型升级耦合协调度模型。

第四，本研究基于两个子系统耦合协调度模型，面向丝绸之路核心区开展实地调研，通过高职专业建设的实地调研数据和区域产业发展评估数据的系统采集与测算，分析丝绸之路核心区各地点、时点的耦合协同度，即开展纵向与横向测度，以此客观呈现该地区两个子系统的融合互动现状，并根据测度结果分析两者融合互动中存在的问题与原因，为后续对策的制定奠定数据基础。另外，以丝绸之路经济带核心区新疆维吾尔自治区昌吉回族自治州为典型案例，对其所属的职业院校（本科层次、高职层次、中职层次）与昌吉州的产业转型升级做适配度分析，以点带面，全面反映丝绸之路经济带核心区两个子系统的融合互动现状，诊断存在的主要问题与原因，为精准制定促进丝绸之路核心区两者融合互动的应对措施奠定基础，也为其他地区专业与产业融合互动、深化产教融合提供借鉴。

第五，结合丝绸之路经济带核心区两个子系统的耦合协调度水平测度结果与昌吉州的案例分析结果，发现该地区存在高职专业建设规模与产业发展规模不够适配，高职专业结构跟不上产业转型升级的步伐，两者的融合模式单一、融合深度不够等问题，提出从主题融合、要素融合、结构融合、空间融合等四个方面探索两个子系统融合互动的对策，并从完善交互驱动机制、经费保障机制、资源共享机制、主体协同治理机制、多元评价机制等方面保障两个子系统的深度融合。

本研究所得出的主要结论为：

1. 建立了高职专业建设子系统与区域产业转型升级子系统交互融合的机理

产业层面的转型升级演化进程：根据产业内企业转型升级情况、消费者需求、政策制度要求，通过产业内技术创新、人才输入、政策制度支撑的共演，形成产业内竞合效应，扩张技术创新型、战略型、环境友好型企业，收缩或淘汰低效益、高能耗的落后产能产业，实现产业的可持续发展。高职层面专业建设演化进程：作为国家供给侧结构性改革重点之一的高技能人才供给基点的高职专业，在围绕区域产业升级要求、技术创新要求、人才需求规格等开展针对性研究、科学性预测、系统性把握的前提下，开展高职专业设置与调整、人才培养定位、课程体系构建、教学方式设计等。高职专业建设子系统与产业转型升级子系统的协同共演：依托各级各类政策、制度的牵引与支撑，推进高职专业建设子系统和产业升级子系统的交互协同，建立畅通的"专业—产业"链，形成以技术进步为主轴、以人才培养为根本，融入创新驱动生态系统的"专业—产业"交互作用联合体，助推行业或企业技术创新与转型升级。

2. 了解了丝绸之路经济带核心区新疆的两个子系统耦合协调度水平

测算 2012—2018 年丝绸之路核心区新疆各州市、各时点的耦合协调度水平，具体结果为：乌鲁木齐市的耦合协调度指数得分最高，但两者仍旧处在濒临失调状态；伊犁州与昌吉州的耦合协调度指数位列第二、第三位，处于轻度失调状态；克拉玛依市、和田地区、巴音州等地的耦合协调度指数表明这些地区处于中度失调状态。根据测度结果总结如下。（1）随着"一带一路"倡议的推进，丝绸之路经济带核心区进入产业转型升级快速发展阶段，与之相对应的高职专业建设子系统的综合指数测评得分与产业转型升级子系统的综合指数测评得分处于整体上升态势。但由于两个子系统的综合评分指数整体偏低，耦合度不够平衡，协调度指数较低，进而造成两者的耦合协调度指数得分偏低，说明两个子系统存在不适配现象。（2）高职专业建设子系统与区域产业转型升级子系统的耦合协调度水平与区域产业发展水平在整体上呈现正相关，即产业发展水平较高、速度较快的被调研地区的两个子系统处于濒临失调或轻度协调状态，而经济发展较慢的被调研地区两个子系统的耦合协调度处于中度失调状态。（3）丝绸之路经济带核心区内不同州市的两个子系统的耦合协调度水平存在较大差距，且区域间并未形成强大的辐射联动关系。出现这一问题的根源在于区域高职专业规模跟不上产业转型升级速度，专业结构调整与产业结构适配度不够高，专业建设人财物投入不足等。

3. 精准分析典型案例所在地昌吉州的两个子系统的适配度情况

根据案例分析结果获得如何下结论：昌吉州确立了"职业教育是就业教育与产业教育结合体"的整体发展思路，提出"办学跟着就业走，专业跟着产业走，课程跟着岗位走，人才培养目标跟着社会稳定和长治久安总目标走"的办学理念，走出了职业教育人才培育的特色路径。在具体实践中，昌吉州成立了职教联盟和煤电煤化工、装备制造业、现代农业、现代服务业等四大职教集团，实现了政府部门、职业院校、行业或企业、科研机构间良性互动，为助推昌吉州职业教育专业与产业发展的深度融合提供了有力支撑。

4. 提出丝绸之路核心区两个子系统交互融合的战略定位与发展路径

本研究根据丝绸之路核心区高职专业建设子系统与区域产业转型升级子系统融合现状制定整体发展战略：高职院校要主攻领军队伍建设，主打学科专业布局规划；区域产业要主攻产业转型升级，主打集聚集群创新；产教融合要主攻专业引领产业，主打校企资源整合的战略导向与发展定位。同时确定具体的融合路径与对策。（1）主体融合：高职院校与重点企业协同发展。搭建校企合作服务平台，促进教学生产信息资源共享；健全多主体参与的制度机制，推进校、地、企多维联姻育人才；有序建立校内外生产性实训基地，提高实验实训场地、设施、设备的使用效能等。（2）结构融合：专业结构与产业结构动态适配。建设区域优势专业，引领产业结构调整；集聚行业领军人才，引领产业跃升发展；打造高水平新专业，引领新兴产业布局。（3）要素融合：教学要素与生产要素有机交互。将岗位需求融入人才培养进程，创新人才培养模式；将生产要求融入教学内容，实现教学过程与生产过程的精准衔接；将职业标准融入课程标准，凸显课程建设要求与职业岗位能力要求的适配性。（4）空间融合：专业链、人才链与产业链、创新链高度匹配。建设高职教育产业园，优化高职专业建设资源布局；确立职教发展特色，推进高职专业建设区域合作；完善高职专业建设模式，推动专业化职教集团的发展。

目 录

1 绪论 / 001

    1.1 研究背景和意义 / 001
        1.1.1 研究背景 / 001
        1.1.2 研究意义 / 003
    1.2 文献综述 / 004
        1.2.1 国内研究现状 / 004
        1.2.2 国外研究现状 / 006
        1.2.3 国内外研究成果述评 / 007
    1.3 研究目的与研究内容 / 008
        1.3.1 研究目的 / 008
        1.3.2 研究内容 / 008
        1.3.3 研究的重难点分析 / 010
        1.3.4 研究的创新点分析 / 011
    1.4 研究方法和技术路线图 / 012
        1.4.1 研究方法 / 012
        1.4.2 技术路线图 / 012
    1.5 本章小结 / 014

2 课题的核心概念界定 / 015

    2.1 产教融合 / 015
        2.1.1 产教融合的由来 / 015

    2.1.2 产教融合的内涵 / 016
  2.2 高职专业建设的内涵与属性 / 018
    2.2.1 高等职业教育 / 018
    2.2.2 高职专业建设的内涵 / 019
  2.3 区域产业转型升级的内涵 / 020
    2.3.1 产业转型升级 / 020
    2.3.2 区域产业转型升级 / 021
  2.4 高职专业与区域产业融合的内涵 / 021
    2.4.1 高职专业建设与区域产业转型升级融合的内容 / 022
    2.4.2 高职专业建设与区域产业转型升级融合的流程 / 022
    2.4.3 高职专业建设与区域产业转型升级融合的内涵 / 024
  2.5 本章小结 / 025

3 高职专业建设与产业转型升级融合的政策依据和理论基础 / 026

  3.1 高职专业建设与产业转型升级融合的政策依据 / 026
    3.1.1 提出"校企联动开发课程机制" / 026
    3.1.2 提出"产教融合体制机制" / 027
    3.1.3 提出"学科专业建设与产业转型升级相适应" / 028
    3.1.4 提出"校企协同开展专业建设" / 029
    3.1.5 提出"产教融合、校企双元育人模式" / 029
    3.1.6 提出"深化产教融合改革的战略任务" / 030
  3.2 高职专业建设与区域产业转型升级融合的理论基础 / 031
    3.2.1 协同共演理论 / 031
    3.2.2 利益相关者理论 / 032
    3.2.3 供给侧改革思想 / 032
    3.2.4 不平衡增长理论 / 033
    3.2.5 增长极理论 / 033

3.3 高职专业建设与产业转型升级协同共演的内涵 / 034
    3.3.1 高职专业建设与区域产业转型升级融合的利益相关者 / 034
    3.3.2 高职专业建设与区域产业转型升级协同共演的内涵 / 035
    3.3.3 高职专业建设与区域产业转型升级协同共演的主要进程 / 036

3.4 本章小结 / 037

4 基于协同共演理论的高职专业建设与产业转型升级融合模型 / 038

4.1 供给侧的演化 / 038
    4.1.1 知识演化 / 038
    4.1.2 人才演化 / 039
    4.1.3 技术演化 / 039

4.2 需求侧的演化 / 040
    4.2.1 需求结构演化 / 040
    4.2.2 基于偏好的演化 / 040

4.3 供需协同共演 / 041
    4.3.1 政策制度对供给侧演化的影响 / 041
    4.3.2 政策制度对需求侧演化的影响 / 041

4.4 高职专业建设与区域产业转型升级融合的概念模型 / 042
    4.4.1 技术技能创新共同体 / 043
    4.4.2 要素资源共建共享平台 / 043
    4.4.3 协同共演融合互动机制 / 044

4.5 本章小结 / 045

5 高职专业建设与区域产业转型升级融合的耦合协调模型 / 046

5.1 高职专业建设与区域产业转型升级耦合协调概述 / 046
5.2 高职专业建设与区域产业转型升级耦合协调体系 / 047
 5.2.1 高职专业建设与区域产业升级耦合协调机理 / 047
 5.2.2 建立高职专业建设与区域产业转型升级子系统的评价指标体系 / 048
5.3 高职专业建设与区域产业转型升级耦合协调度模型构建 / 055
 5.3.1 构建耦合度模型 / 055
 5.3.2 建立协调度模型 / 055
 5.3.3 架构耦合协调度模型 / 056
5.4 本章小结 / 056

6 丝绸之路经济带核心区高职专业建设与产业转型升级融合的实证分析 / 057

6.1 丝绸之路经济带核心区产业转型升级现状 / 057
 6.1.1 丝绸之路经济带核心区的区位分布 / 057
 6.1.2 丝绸之路经济带核心区各州市的重点产业 / 060
 6.1.3 丝绸之路经济带核心区产业转型升级现状 / 064
6.2 丝绸之路经济带核心区高职专业建设现状 / 066
 6.2.1 丝绸之路经济带核心区各州市高职院校分布 / 066
 6.2.2 丝绸之路核心区各高职院校重点建设专业 / 069
6.3 丝绸之路经济带核心区高职专业建设与产业转型升级的耦合协调度分析 / 075
6.4 丝绸之路经济带核心区高职专业建设与产业转型升级交互融合问题分析 / 079
6.5 实证分析总结与未来研究方向 / 080
 6.5.1 实证分析总结 / 080

6.5.2　未来研究方向 / 081

　6.6　本章小结 / 081

7　典型案例分析：昌吉州高职专业建设与产业转型升级的融合互动 / 082

　7.1　昌吉州的整体发展概况 / 082

　7.2　昌吉州重点产业的人才需求状况 / 083

　　　7.2.1　昌吉州重点发展产业梳理 / 083

　　　7.2.2　昌吉州重点产业对职教专业人才的素质要求 / 088

　　　7.2.3　昌吉州重点产业对职教专业人才的需求数量 / 088

　7.3　昌吉州职业教育对重点产业的人才供给状况 / 089

　　　7.3.1　昌吉州重点产业技术技能人才供给现状 / 089

　　　7.3.2　乌昌石城市群技术技能人才的竞合关系 / 096

　7.4　昌吉州职业教育专业建设与产业转型升级融合现状 / 101

　　　7.4.1　昌吉州职业教育专业建设与产业转型升级融合定位 / 101

　　　7.4.2　昌吉州职业院校专业建设与重点产业转型升级交互融合现状 / 103

　7.5　本章小结 / 109

8　丝绸之路经济带核心区高职专业建设与产业转型升级融合的问题与成因 / 110

　8.1　丝绸之路经济带核心区高职专业建设与产业转型升级融合中的问题 / 111

　　　8.1.1　高职专业结构与产业转型升级结构适配度不够高 / 111

　　　8.1.2　高职专业建设与区域产业转型升级的数量匹配度不够好 / 112

　　　8.1.3　专业与产业融合的模式较为单一，合作内容不够丰富 / 112

8.1.4　行业或企业参与高职专业建设的主动性不够强 / 112
　　8.2　丝绸之路经济带核心区高职专业建设与产业转型升级融合
　　　　问题的成因 / 113
        8.2.1　高职专业建设与产业转型升级融合的法律法规
              不尽完善 / 113
        8.2.2　企业的育人主体地位与作用尚未完全发挥 / 114
        8.2.3　高职院校与行业或企业协同治理的条件尚不具备 / 116
        8.2.4　高职专业建设与区域产业转型升级融合缺乏资金
              支持 / 117
        8.2.5　行业协会在两个子系统的融合互动中作用发挥
              不尽理想 / 118
        8.2.6　高职专业建设与区域产业转型升级融合的评估
              体系缺失 / 120
　　8.3　本章小结 / 121

9　丝绸之路经济带核心区高职专业建设与产业转型升级融合路径与对策 / 122

　　9.1　丝绸之路经济带核心区高职专业建设与产业转型升级融合的
　　　　战略定位 / 122
　　9.2　丝绸之路核心区高职专业建设与产业转型升级融合路径 / 123
        9.2.1　主体融合：高职院校与企业协同发展 / 123
        9.2.2　要素融合：教学与生产要素有机交互 / 130
        9.2.3　结构融合：专业与产业动态适配提升 / 135
        9.2.4　空间融合：教育链与产业链高度匹配 / 140
　　9.3　本章小结 / 145

10　高职专业建设与区域产业转型升级交互融合的保障 / 146

　　10.1　构建高职专业建设与区域产业转型升级融合保障机制的
　　　　　原则 / 146

  10.2 高职专业建设与区域产业转型升级融合的保障机制 / 147

    10.2.1 完善两个子系统融合的动力机制 / 147

    10.2.2 优化职业教育的经费保障机制 / 149

    10.2.3 建立优势互补、互利共赢的共享机制 / 150

    10.2.4 建立行业、企业、院校协同治理机制 / 152

    10.2.5 强化专业与产业升级融合的督导评价机制 / 153

  10.3 本章小结 / 153

11 研究结论与未来研究展望 / 154

  11.1 研究结论 / 154

  11.2 未来研究展望 / 155

附录 / 157

  调研问卷1 关于"高职专业建设与区域产业转型升级融合现状"的调查问卷（专业带头人卷）/ 157

  调研问卷2 关于"高职专业建设与区域产业转型升级融合现状"的调查问卷（教务处卷）/ 161

  调研问卷3 关于"高职专业建设与区域产业转型升级融合现状"的调查问卷（学生卷）/ 164

  调研问卷4 关于"区域重点产业高技能人才需求现状"的调研问卷（人社局卷）/ 167

  调研问卷5 关于"乌鲁木齐市重点产业高职专业人才需求现状"的调研问卷（企业卷）/ 171

参考文献 / 179

1 绪 论

1.1 研究背景和意义

1.1.1 研究背景

(1) 政府出台政策文本助推产教深度融合

早在 2010 年，《国家中长期教育改革与发展规划纲要（2010—2020年）》就提出通过制定校企合作办学法规来规范职业教育校企合作中的实践活动。在随后的《国务院关于加快发展现代职业教育的决定》（国发〔2014〕19 号）中首次出现"产教融合"一词，这充分肯定了产教融合在职业教育体系中的重要作用。十九大报告中提出依托校企合作、深化产教融合推动现代职业教育与培训体系的发展，产教融合由职教层面上升到了国家战略高度。为进一步助推并落实产教深度融合，国务院办公厅颁布了《关于深化产教融合的若干意见》（国办发〔2017〕95 号），明确规定企业在职业教育中的主体地位，产教深度融合成为渗透区域产业转型升级各环节、贯穿人才培育全过程，构建由行业、企业、院校、政府、社会等多元主体协同治理的关键点，从而真正将教育链、人才链与产业链、创新链有机串联，全面实现教育优先发展、人才引领发展、产业创新发展、经济高质量发展的协同共赢目标。

《教育部 2018 年工作要点》进一步提出要贯彻落实《关于深化产教融合的若干意见》，在其印发的《职业学校校企合作促进办法》中提出要推动有条件的行业或企业开办职业院校。国家发改委、教育部、工信部、财政部、人社部、国资委等六部委于 2019 年 9 月 25 日印发的《国家产教融合建设试点实施方案》中要求充分发挥城市承载、行业聚合、企业主体作用，依托产教融合型城市及试点城市省域内打造的具有地区特色的产教融合型企业，构建"城市—行业—企业"链的整体新机制与新路径，如完善产教融合型企业制度，优化多元激励政策体系，建立"创新产教融合重大平台"，以重点带动全局。这标志着深化产教融合改革由"破冰期"迈入"深水期"，成为引领新时代教育、人才、产业、经济变革的战略方向。

与此同时，各地纷纷制订产教深度融合发展规划与实施方案。比如新疆昌吉自治州政府就制订了《昌吉州现代职业教育与重点产业融合发展规划》，通过"两会"集中研讨，该规划已于2018年年初颁布，成为产教深度融合的发展纲要与实施方案。

(2) 人力资源供给侧结构性改革的迫切要求

《推动共建丝绸之路经济带和21世纪海上丝绸之路的愿景与行动》（2015）、十九大报告及其他众多的政策文件都提出以"一带一路"倡议为依托助推全方位开放格局的形成，要求优化地区开放布局，加大向西的开放力度，提高中西部地区产业转移承接能力。而要推进中西部地区产业发展，亟需供给高质量的人力资源。根据中西部民族地区"一带一路"重点产业人才需求调研发现，技术技能人才是优势特色产业人才供给的主要力量。高等教育可细分专科教育、本科教育、研究生教育等三个具体层次，其中，高职高专教育（简称"高职教育"）属于专科层次的教育，是按职业分类的教育，即根据一定职业岗位（群）的实际业务活动和职业要求，培养生产一线的实用性、技术应用性、职业性人才，重点突出岗位职业的针对性和职业技术能力的有效性。然而，从当下高职教育专业人才培育的反馈结果来看仍然存在不少问题，比如高职院校的核心专业、骨干专业普遍偏少，专业之间未形成具有聚合共享特点的专业群，与产业适配的专业人才培养体系尚未形成，难以为产业转型升级输送不同层次的高技术技能型人才。另外，与战略性新兴产业、生产性服务业等衔接的高职专业的设置数量、结构布局不够合理，且相关专业人才的培育质量不够理想，亟需加大力度建设与产业相适配的高职专业，架构定位清晰、层次分明的专业结构系统，支撑和引领生产性服务业、战略性新兴产业的发展，助推民族地区人力资源的供给侧结构性改革。

(3) 当下产教融合问题亟待探索有效发展路径

受体制、机制等多种因素的影响，民族地区的人才供给侧和"一带一路"重点产业人才需求侧在数量、结构、质量的对接上不够适配，校企双方在主体融合、空间融合、要素融合、体制机制融合等方面形式重于内容，协同人才培养机制不健全，产教融合体制机制不灵活且约束力不强等，亟待探索产教融合有效发展路径，提升民族地区现代职业教育与"一带一路"重点产业的交互性，推动以人才链为中心的教育链与产业链的顺畅贯通，加快民族地区"一带一路"倡议的贯彻落实，打造实体经济、科技创新与人力资源协同共进的生态系统，从根本上增强民族地区"一带一路"重点产业的竞争优势。

（4）高职专业建设成为助推产教深度融合的突破口

高职教育的宗旨在于立足地方、服务地方经济。而纵观当下经济发展，从产业结构来看，由传统产业向高科技产业转型升级；从合作领域来看，由国内市场走向国际舞台；从企业规模来看，由单一发展向多元协同转化；从劳动力需求来看，由人力资源的规模优势向素质优势转变。而要实现高职教育面向生产一线培育高技术技能专业人才的宗旨，"专业"是走好高职内涵式发展的基点，是连接职业教育与现代产业的桥梁、联系人才与职业的纽带，因此，要以职业岗位（群）需求为依托调整专业设置、优化专业结构、确定专业招生人数，并根据行业或企业对人才的岗位职业能力要求制定人才培养方案，全方位构建学生的知识与能力结构，并有针对性地设计课程体系、制订教学计划、创新教学组织形式与方法，系统提升学生的职业能力与技术水平，助推区域产教深度融合水平的提高。

可见，专业建设是深化产教融合的基点，是贯通教育链与产业链的突破口，也是解决人才供给过剩与需求不足并存困境的切入点。然而，已有的产教融合研究观点多基于职教视角探索行业或企业的参与模式与发展路径，却忽视了融合的本质特点。因此，真正的产教融合要求将"专业与产业"作为整体来看待，须从供给侧、需求侧与供需协同共演视角探寻影响两者融合的关键因素与动力机制，助推高职"专业—产业"交互作用的发挥。

1.1.2 研究意义

本研究基于协同共演理论，将高职专业建设子系统与区域产业转型升级子系统置于统一开放的生态系统中，围绕人才供需建立两个子系统融合互动的概念模型，建立测评两者融合水平的耦合协调度评价模型，以丝绸之路经济带核心区新疆为例开展实证分析，总结两个子系统融合的现状、存在的问题及背后的根源，进而精准制定促进两者交互融合的发展对策，确定融合路径，具有很强的理论意义和较高的实践价值。

（1）理论意义

① 深化产教深度融合理论的研究内容。本研究将高职教育与产业发展的接口"专业"作为切入点，根据区域产业转型升级进程中对各专业人才需求的数量、结构与质量要求，从主体、要素、结构、空间等维度分析高职专业建设与区域产业转型升级融合中存在的问题和原因，形成依托专业链有机衔接产业链与人才链的产教融合实施路径，是对已有单向度的专业对接产业、服务产业的产教融合理论的拓展。

② 丰富产教深度融合理论的研究方法。本课题综合运用耦合分析法、因子分析法等研究方法以及大数据分析技术，从实证视角开展融合机理、模型建构探究和实证分析，有利于全面把握区域专业与产业的融合现状，为产教深度融合理论研究带来新的思维范式和方法论基础。

（2）实践价值

① 为丝绸之路经济带核心区产业转型升级人才供给提供解决方案。本研究通过对丝绸之路经济带核心区的产业转型升级中人才供需数量、结构、层次、素质的匹配度调研与耦合协调度测评，系统分析新疆的专业和产业的融合现状与问题，为产业转型升级进程中人才的有效供给提供解决方案，发挥"一带一路"战略要地的关键作用。

② 为丝绸之路经济带核心区高职院校的专业建设提供新思路。本研究着眼于丝绸之路经济带核心区战略地位背景下的产业转型升级，以人才供给侧改革为核心，以专业为基点，通过高职院校、行业、企业、政府部门等多元参与主体，协同推进高职专业的动态调整、结构优化，开展专业内涵建设，组织专业教育教学改革等，为丝绸之路经济带核心区的高职专业建设带来新的理念与范式。

③ 为丝绸之路经济带核心区产业发展与对外开放提供有效支撑。本研究从主体融合、要素融合、结构融合、空间融合维度制定核心区高职专业建设与产业转型升级交互融合的发展对策，有效响应国家"一带一路"倡议，进一步发挥丝绸之路经济带核心区的战略要地作用，也为社会稳定与国家的长治久安提供有力支撑。

1.2 文献综述

1.2.1 国内研究现状

"产教融合"理念最早可追溯至《中华人民共和国职业教育法》（1996），

但专门针对产教融合的系列研究则集中于 2013 年以后。在中国知网中以关键词方式检索可知，截至 2019 年 12 月，围绕产教融合内涵、模式、路径的研究文献已超过 3000 条，但有关高职院校专业建设的研究文献仅 290 条，其中开展实证研究的文献仅 6 条，涉及丝绸之路核心区的文献更少，仅有 1 条。已有成果可从宏观、中观、微观三个层面梳理。

（1）宏观层面的研究成果

宏观层面的研究多从专业对接产业、服务产业视角建立专业建设机制，如构建基于产业结构的高职专业动态调整机制与结构优化机制；桑雷、尹玉珍、马蕾（2014），刘燕（2016）提出建立专业规模与区域产业规划对接、专业空间布局与产业集聚布局对接、专业层次结构与职业岗位技术等级对接的"双向对接"机制；赵晓妮（2016）基于产业升级探索职业教育专业规划机制、动态调整机制、评估机制。另外，也有部分学者聚焦产教融合视角下的专业内涵建设，如祝成林、柳小芳（2015）提出对接区域支柱产业设置专业，校企共建"三层次—递进式"实践教学体系；董袁泉（2017）从人才供给侧视角探索专业—产业"三对接"策略：专业设置与产业发展对接、课程标准与职业标准一致、教学过程与生产过程适配；朱伟芳（2017）提出基于产业发展视角优化专业结构，推进企业文化进校园、校企协同建课程，构建高职专业建设生态系统。

（2）中观层面的研究成果

中观层面的研究多立足某一地区的高职院校，基于专业与产业的适配度现状提出与产业升级相适应的专业设置与调整、专业与课程建设、教学组织策略，如王晓华（2013）基于杭州高职院校提出专业设置需求适应度建议；胡清、易飚（2013）基于苏州高职专业建设现状提出完善专业预警机制、优化专业结构体系、强化专业建设内涵等发展对策；《人民政协报》（2014）在"民族地区职业教育发展"中鼓励职业院校重点建好与区域优势产业对接的专业，并支撑市州形成特色专业群；丁国华（2015）以"产业转型升级—专业设置调整—课程内容"为思路，分析上海高职专业内涵建设的核心要素课程改革的路径；哈满林（2016）从架构平台、改革培养模式、拓展服务等方面探索安徽涉农专业建设与产业融合路径；刘晓军（2017）基于江苏高职教育现状提出依据区域职业岗位需求开展课程建设、职业培训、科技服务等对策；刘晓等（2017）基于浙江高职院校提出优化专业结构、人才贴紧行业、培养质量立足市场的发展对策。

(3) 微观层面的研究成果

微观层面的研究一般针对某一高职院校的具体专业与当地产业发展交互融合现状、问题与对策开展研究，如何玲辉（2014）、张睿（2016）分析了高职物流专业建设与产业融合培养人才；刘甲珉等（2014）以青岛职技院服务外包专业为例，探索了"四融"模式；王新年、姜涛（2017）以黑龙江农业工程职技院机械制造与自动化专业为例，朱志辉、肖凡平（2017）以中山火炬职技院电商专业为例，刘上冰（2016）以湖北软件专业学院动漫专业为例分析专业与产业的融合路径。

然而，与"一带一路"倡议相关的区域专业产业融合的研究成果很少，仅李建忠（2015）提出须设置并建设与"一带一路"沿线重大建设项目或工程匹配的专业，依托产教融合、校企合作项目有效实施，精准供给所需人才；孙丽婷等（2017）在国家"一带一路"倡议下，从转变观念营造氛围、校企共建师资队伍、合理布局职教结构、促进教改和基地建设等方面探寻云南地区职业教育专业与产业发展的融合路径。

1.2.2 国外研究现状

国外产教融合实践与理论均早于国内，已形成了较为成熟的产教融合模式，如德国的"双元制"模式、英国的BTEC模式、澳大利亚的TAFE模式、美国的CBE模式等，在推进专业与产业的融合实践中，多从政策支撑、机制保障、产教联盟助推、社会协同等方面探索发展路径。

(1) 政策对专业与产业融合的支撑

德国在《职业教育法》中规定建立校企教学对接机制并共同致力于高技术技能人才的培育，即由企业提供技术与资金，校企协同开展专业建设，如设置新专业、调整老专业、编制人才培养方案、架构课程体系、确立课程标准、编制教学计划、设计教学模块等，实现专业建设与产业发展的无缝链接；英国政府在1993年宣布建立现代学徒制，增强企业在职业教育与专业人才培育中的参与度；美国在其职业教育制度中明确规定对职业教育的扶持力度，并规定根据行业或企业岗位能力的层层分解来确定职业院校专业人才培育目标、架构课程体系与内容；澳大利亚政府在职业教育中起到较大的推动作用，通过建立统一的职业资格认证来规范职业院校的专业设置、课程规划与市场需求的适配性；法国则从1991年的博洛尼亚进程开始要求职业教育中的专业课程设置须与产业发展要求相适应（Giret，2011）。

（2）专业产业融合机制的保障作用

Grytnes，Grill，Pousette，Törner 和 Nielsen（2018）研究发现，瑞典、丹麦都提出根据产业发展制定专业动态协调机制及第三方评估机制，保障专业建设质量；Fjellström（2014）提出先进职业教育人才培养更关注行业需求，建立行业或企业"双向互动"机制，根据职业能力差距确定学习目标。

（3）产教联盟助推专业产业融合发展

Masson，Baati 和 Seyfried（2010）陈述了依托区域联盟促进行业或企业与职业院校的交互沟通，保证专业教育教学质量，提高对产业的服务水平；金蕾（2016）在系统梳理澳大利亚职业教育产教融合经验的基础上，提出行业、企业全程参与职业教育培训包标准的制定，实现职业教育与专业就业的无缝衔接。

（4）全社会协同推进专业产业融合发展

Sala，Silva 和 Toledo（2012）指出职业教育与培训是生产力增长的重要因素，须依托全社会协同推进；Fraser（2014）指出劳动力需求与供给及技能的传授和获取对人们的生活具有决定性影响，通过社会各界推进专业建设来满足工人与雇主发展所需要的更多相关技巧。

1.2.3 国内外研究成果述评

国外产教融合研究早于国内，迄今已形成专业产业融合发展实践体系与理论系统，但国内大部分成果还处于理论研究初级阶段和实践摸索阶段；针对"一带一路"的专业产业融合研究成果较少，且成果权威性与影响力较低；而丝绸之路经济带核心区高职专业建设与产业转型升级交互融合的相关研究则更少。

在国家"一带一路"倡议指导下，丝绸之路核心区须加快全方位对外开放步伐，为满足其在转型升级进程中对各专业人才的需求，须进一步推进人才供给与需求双侧在规模、结构、质量等方面的全方位契合。高职院校专业建设作为产教融合的接口与支撑，亟须根据丝绸之路经济带核心区重点产业转型升级与高职专业建设的耦合协调度水平，分析两个子系统的适配现状、存在问题与原因，探寻推进核心区两个子系统交互融合的路径与对策，更好地实现区域内的人才供需有序对接、产业升级有效推进、社会经济稳定发展，进而更好地发挥核心区的战略要地作用。

1.3 研究目的与研究内容

1.3.1 研究目的

立足丝绸之路经济带核心区新疆，以"专业建设"为切入点，通过问卷调研与深度访谈，运用耦合分析法、因子分析法、复杂性科学、大数据分析法等测度核心区高职专业建设与产业转型升级的融合程度，诊断两者融合中存在的问题与原因，并基于"服务导向、竞争择优、分类建设、示范引领"的高职专业建设原则，探索核心区两个子系统的交互融合路径与对策，系统实现核心区高职专业规划和产业转型升级统筹布局，高职专业结构与产业结构的协调匹配，高职人才培育和企业岗位需求的高度适配，高职专业教学组织过程与产业生产过程衔接一致，全面打造核心区产业转型升级动力，助推核心区在"一带一路"倡议下战略要地作用的发挥。

1.3.2 研究内容

本研究立足丝绸之路经济带核心区，遵循"文献梳理→机理分析→模型构建→实证分析→问题解析→路径探索→政策建议"的逻辑着手研究。

（1）高职专业建设与区域产业转型升级融合的理论基础、政策依据和现实需求

① 高职专业建设与区域产业转型升级融合的理论基础。在深度解读协同共演理论、希曼的不平衡增长理论、佩鲁的增长极理论、弗里德曼的中心—外围理论、亨利·埃茨科威兹的三螺旋理论的基础上，解析产业与教育融合、产业与高职教育融合、产业与专业融合的相关理论，为梳理高职专业建设与区域产业转型升级融合互动的作用机理与概念模型奠定理论支撑。

② 高职专业建设与区域产业转型升级融合的政策依据。系统解读1996年《中华人民共和国职业教育法》提出的"产教结合"，十九大报告提出的"深化产教融合、校企合作"，以及《关于深化产教融合的若干意见》（2017）、《职业学校校企合作促进办法》（2018）、《国家职业教育改革实施方案》（2019）、"区域产教融合发展规划"等政策文本；系统梳理各级政府部门对于产教深度融合、专业与产业融合的具体规范及要求。

③ 高职专业建设与区域产业转型升级融合的现实需求。在创新驱动发展战略指导下，产业转型升级与结构优化对人才的需求侧与高职专业

培育人才的供给侧亟需平衡，而"专业"是两者交互融合的接口，应以此为抓手，探索高职专业建设与区域产业转型升级的交互融合路径和发展对策，进而为区域产业发展供给所需的专业人才，助推区域产业转型升级的进程。

(2) 高职专业建设与区域产业转型升级融合的作用机理及互动模型

① 高职专业建设与区域产业转型升级融合的作用机理解析。运用耦合分析、因子分析等理论与方法解构两个子系统的要素结构、功能效用、耦合关系、融合规律等内在机理，为构建融合互动模型奠定理论基础。

② 高职专业建设与区域产业转型升级耦合协调度模型建构。鉴于高职专业建设子系统、区域产业转型升级子系统本身的动态性与复杂性，根据两者融合的作用机理和概念模型，解析两个子系统中各模块、多因素间的耦合、协调关系，构建交互融合的耦合协调度模型，为后续测算两个子系统的耦合度、协调度、耦合协调度奠定理论基础。

(3) 丝绸之路经济带核心区高职专业建设与产业转型升级融合的实证分析

① 丝绸之路经济带核心区产业转型升级现状与人才需求分析。根据丝绸之路经济带核心区产业发展战略、空间布局及发展态势梳理重点产业，设计产业发展现状、趋势及人才需求的调研问卷与访谈提纲，分析核心区产业转型升级对高职院校各专业人才培育的规模、层次、质量等需求现状。

② 丝绸之路经济带核心区高职专业建设现状与人才供给分析。系统梳理丝绸之路经济带核心区各类型高职院校，设计各院校专业建设现状及人才供给的调研问卷与访谈提纲，分析核心区内各州市高职院校的专业设置与调整，专业人才培养数量、层次、技能、素质等现状。

③ 丝绸之路经济带核心区高职专业建设与产业转型升级的适配度分析。依托高职专业建设与区域产业转型升级融合互动模型，运用丝绸之路经济带核心区新疆的产业转型升级数据与高职院校专业建设回收数据，测评两者的耦合协调度与适配度。

(4) 丝绸之路经济带核心区高职专业建设与产业转型升级融合的问题及成因

① 诊断两者融合中存在的现实问题。根据丝绸之路经济带核心区新疆两个子系统的耦合度、协调度、耦合协调度测评结果，从专业设置与调整、专业内涵建设、专业师资培育、专业实验实训条件等方面发现根本

问题。

② 分析问题产生的原因。从丝绸之路经济带核心区高职专业建设经费投入、师资水平、产教融合机制、产教联盟作用、企业积极性等方面探寻存在的问题与背后的根源，为精准制定高职专业建设与产业转型升级融合对策提供依据。

（5）丝绸之路经济带核心区高职专业建设与区域产业转型升级融合路径及对策

① 确定丝绸之路经济带核心区高职专业建设与产业转型升级融合的战略和定位。提出高职院校要主攻领军队伍建设，主打学科专业布局；区域产业要主攻产业转型升级，主打集聚集群创新；产教融合要主攻专业引领产业，主打校企资源整合的战略导向与发展定位。

② 制定丝绸之路经济带核心区高职专业建设与产业转型升级融合路径与对策。主体融合：高职院校与重点企业协同发展。搭建校企合作服务平台，促进教学生产信息资源共享；健全多主体参与的制度机制，推进校地企多维联姻育人才；建设产教融合生产性实训基地，提高实验实训基地、设施设备的使用效能。结构融合：专业结构与产业结构动态优化。建设区域优势专业，引领产业结构调整；集聚行业领军人才，引领产业跃升发展；打造高水平新专业，引领新兴产业布局等。要素融合：教学要素与生产要素有机交互。岗位需求融入人才培养，创新人才培养模式；生产要求融入教学内容，实现教学过程与生产过程的一致性；职业标准融入课程标准，提升课程内容与职业能力的适配性。空间融合：专业链、人才链与产业链、创新链高度匹配。建设高职教育产业园，优化高职专业建设资源布局；确立职教发展特色，推进高职专业建设区域合作；完善高职专业建设体系模式，推动专业化职教集团发展等。

1.3.3 研究的重难点分析

（1）丝绸之路核心区高职专业建设与产业转型升级融合的实证研究

推进丝绸之路经济带核心区两个子系统交互融合的前提是精准把握两者融合的现状、问题及成因，这是起点。一方面要深度调研新疆各产业的转型升级现状，另一方面要系统梳理新疆高职院校与产业相关的专业设置、专业招生、专业内涵建设情况，只有全面获取专业建设与产业转型升级的数据，才能全面测评两者融合的耦合协调度与适配度，为后续的问题诊断与路径探索奠定科学基础。

（2）丝绸之路核心区高职院校专业建设与产业转型升级融合模型的构建

为了更全面地把握专业与产业融合互动现状，本研究运用耦合分析法构建由专业建设与产业转型升级这两大子系统互动模块、因素间的耦合系统模型，而系统模型构建有赖于程序编写、数据分析，需要扎实的软件技术与数据分析基础，这给研究带来了一定难度。同时，数据的获取涉及的政府部门、高职院校数量众多，区域分布广泛，给调研带来了一定困难。

（3）丝绸之路核心区高职专业建设与产业转型升级空间融合的路径及对策

基于实证分析结果与典型案例解析，相关主体融合、要素融合、结构融合、空间融合已有部分成果积累，但对于空间布局在专业与产业融合中的系统研究还较为缺乏，还需重点探寻如何通过空间融合方式更好地助推两个子系统的交互融合，解决丝绸之路经济带核心区高职教育发展中存在的区域发展不平衡、专业与重点产业匹配不平衡、职教人才供给不充分等问题。

1.3.4 研究的创新点分析

（1）理论创新：深化产教融合理论的研究内容

本研究以高职专业建设为切入点，根据地区产业发展进程对各专业人才供需的适配度分析结果，从主体、要素、结构、空间等方面分析高职专业建设子系统与区域产业转型升级子系统的适配情况，针对存在的关键问题探索依托专业链有机衔接产业链与人才链的产教融合实施路径，是对已有专业对接产业的单向度产教融合理论的深化与拓展。

（2）方法创新：丰富产教深度融合的研究方法

本研究综合运用耦合分析法、因子分析法等研究方法以及大数据分析技术，从实证视角开展融合机理、模型构建、实证分析，有利于全面把握区域专业与产业融合现状，为产教融合理论研究提供可靠的方法论基础与有效的分析工具。

（3）数据创新：获取新疆专业与产业融合数据

本研究运用实地访谈、问卷调研等方法全面获取丝绸之路经济带核心区新疆重点产业转型升级进程中的人才供给侧与需求侧数据，借助因子分析法、耦合协调度模型对丝绸之路经济带核心区高职专业建设子系统与产业转型升级子系统的交互融合进行评价，精准把握两者的耦合协调度水平，进而制定促进核心区这两个子系统交互融合的路径与对策，为实现教育链与产业链的无缝对接奠定扎实的数据基础。

1.4 研究方法和技术路线图

1.4.1 研究方法

（1）文献研究法

借助CNKI、gfsoso、Springer、Elsevier、Wiley等国内外电子文献搜索工具收集有关产业与专业融合的理论基础、政策文本、概念内涵、发展路径等研究成果，为进一步开展高职专业与产业融合的作用机理解析、互动模型建构、调研问卷与访谈提纲设计等提供理论和政策依据。

（2）问卷、访谈调查法

设计"丝绸之路核心区产业转型升级情况及专业人才需求现状""丝绸之路经济带核心区高职专业建设情况与人才供给现状"的问卷与访谈提纲，依托新疆维吾尔自治区政府部门联系并落实实地调研，最大限度获取有效数据，为产业与专业融合的现状分析奠定基础。

（3）耦合分析法与大数据分析法

梳理高职专业建设与区域产业转型升级两个子系统中各个模块、影响因素的互动关系，构建科学、有效的耦合协调模型与评价指标体系，立足丝绸之路核心区，运用大数据分析法测评两个子系统的耦合度、协调度与耦合协调度水平，为总结融合中存在的问题与原因，确定针对核心区专业—产业交互融合的战略导向、发展定位、实施路径与对策建议提供依据。

1.4.2 技术路线图

本研究遵循"研究设计、理论研究、实证分析、对策研究"的思路开展研究，如图1-1所示。在国家产教融合发展实施意见指导下，深入解析产教融合的接口"专业"，立足国家向西战略要地丝绸之路经济带核心区，深度解析新疆产业升级态势、发展战略及对技术技能人才的供需现状，依托构建的专业—产业耦合协调度模型测度丝绸之路经济带核心区两个子系统的交互融合水平，诊断关键问题及成因，进而从主体、要素、结构、空间等四个维度确立专业—产业的交互融合路径，为核心区两个子系统的深度融合发展做好总体布局，形成理实一体的研究成果。

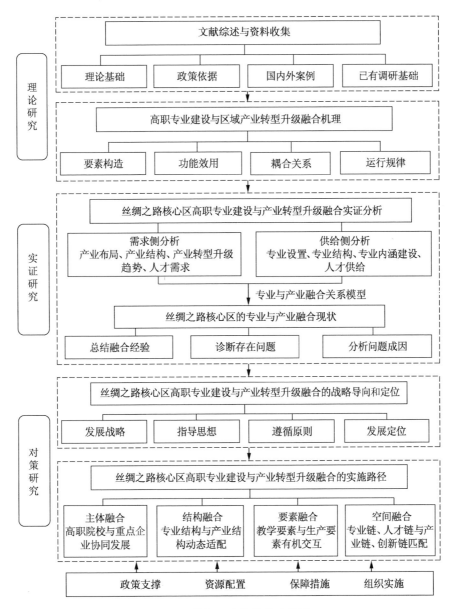

图 1-1 课题研究的技术路线图

1.5 本章小结

本章从课题的研究背景与研究价值入手,在系统梳理产教融合、高职专业建设与区域产业转型升级相关文献的基础上,提出了本课题的研究目的、研究内容、研究重点与难点、研究创新点,指出本课题的具体研究方法,勾画本课题的技术路线图,呈现本课题的整体研究思路与框架。

2 课题的核心概念界定

在进行高职专业建设与区域产业转型升级交互融合的实证分析前,须先精确界定本研究所涉及的核心概念。本研究以专业与产业的融合互动为主题,涉及的核心概念主要包含产教融合、高职专业建设、区域产业转型升级、高职专业与区域产业融合等,为作用机理分析、概念模型构建、耦合协调度模型设计奠定精准的概念基础。

2.1 产教融合

2.1.1 产教融合的由来

职业教育独特的教育性与经济性的双重属性决定了其在实施过程中,须实现教育与产业的紧密对接,即职业教育与产业部门有着天然的内在联系,职业院校的专业设置、人才培养方案制定、课程体系架构等均应按照企业的岗位需求来确定。这样才能贴近企业生产的实际,使职业教育培养过程与生产过程紧密结合,充分发挥院校与企业各自的优势,实现现代职业教育的人才培养目标。我国的职业教育与企业合作有着深厚的历史积淀,从近代实业教育的"工学并举"到当下的"校企合作""产教融合",职业教育与产业发展的交互性获得了长足的发展。

高职教育自 20 世纪下半叶至今已取得了长足发展,培养了一大批高素质技术技能人才。而在当下进入产业结构转型升级与供给侧结构性改革的关键时刻,职业教育发展也面临诸多难题。产教融合则致力于打破学校与企业、教育与产业的壁垒,实现校企双方的合作共赢,成为解决诸多问题的突破口与人才培养的重要方式。

在当前经济发展新形势下,如何通过职业教育培养技术技能型人才满足地区产业转型升级成为政府部门、学术界、产业界共同关心的热点。

2011年，教育部颁布《关于加快发展面向农村的职业教育的意见》，首次提出产教深度合作的要求。2013年，党的十八届三中全会颁发《中共中央关于全面深化改革若干重大问题的决定》，要求完善产教融合制度，"产教融合"一词首次进入政府的政策文本。此后，产教融合逐步得到国家的重视，一系列相关政策出台。随后教育部等六部委联合印发《现代职业教育体系建设规划（2014—2020年）》（2014），要求建立政府、行业、企业、院校等主体共同参与的制度平台。2017年10月，习近平同志在十九大报告中指出深化产教融合、校企合作制度。《国务院关于加快发展现代职业教育的决定》（2014）提出形成适应产业发展需求的产教深度融合制度，推进职业教育与普通教育沟通衔接，形成独具中国特色、展现世界水平的职教体系。随后的相关政策如《关于深化产教融合的若干意见》（2017）、《职业学校校企合作促进办法》（2018）等进一步制定了校企人员互兼互聘规范，彰显了职业教育产教融合的重要性，以及政府突破产教融合瓶颈的决心。由教育部等六部委共同印发的《国家产教融合建设试点实施方案》（2019），提出了落实产教深度融合的具体举措，即通过产教融合型城市、产教融合型企业的试点，坚持问题导向、改革先行，充分发挥城市承载、行业聚合、企业主体的积极作用，推动教育与产业、专业与行业或企业的互通互融、优势互补、协同共赢。

2.1.2 产教融合的内涵

产教融合中的"产"是指行业、产业；"教"是指教育，这里指职业教育；"融合"一词源于物理学，原指熔成或如熔化那样成为一体，后延伸至心理学领域，指不同个体或不同群体在经过一定的碰撞或接触后，认知、情感或态度倾向融为一体。

"产教融合"一词最早可追溯至1995年。1995年第二期《职业技能培训教学》所刊《加强系统化管理 不断提高生产实习教学质量——江苏无锡市技工学校》一文首次提及"产教融合化"，但当时涉及的内涵比较狭窄，"产"仅仅指产品，"教"则仅仅指实习教学。此后，直至2007年，有学者再次提到"产教融合"概念，但未阐明具体内涵。自那以后，"产教融合"逐渐受到政府部门、学术界和产业界的高度关注。"产教融合"一词正式进入教育部的政策文件是在2013年，随后，与产教融合相关的理论研究与实践探索成果不断涌现。时至今日，对职业教育产教融合内涵的研究已有一定的基础，主要表现为以下三类观点。

第一类观点将产教融合定义为学校与行业或企业在业务上的相互补充

关系。以陈年友（2014）等学者为典型代表，认为产教融合是职业院校为提高人才培养质量而与行业或企业开展的多元合作方式。

第二类观点将产教融合定义为产业与教育两个系统融合而成的有机整体。以杨善江（2014）等学者为代表，认为产教融合就是校企依托各自优势资源，以协同育人为核心所进行的系列教育经济活动的总称。

第三类观点将产教融合定义为一种服务生产的组织形式。以罗汝珍（2016）等学者为代表，认为产教融合是为产业部门提供合格的劳动力的一种组织形式。该观点的特别之处在于提出组建一个新组织来承担学生毕业后能顺利踏上工作岗位的职责，作为连接学校与企业的桥梁。

可见，产教融合是产教结合的深化，是指产业界与职教界在结合点上突出协同的深度与广度，形成校企一体化发展格局，做到产中有教、教中有产，实现职业院校与企业的高度融合。产教融合的本质在于把高职教育与经济社会发展紧密结合在一起，以促进区域经济社会的发展为目标，以人才培养和企业发展为落脚点，逐步形成助推运行模式、课程体系、资源集成良性互动的体制机制，为高技术技能人才培育带来制度保障（徐亦平，2014）。总而言之，产教深度融合表现为职业院校根据产业生产服务要求设置或调整专业，使专业与产业交互融合、协同共进，把职业院校建设成为集人才培育、科学研究、科技服务于一体的产业性经营实体，形成职业院校与行业或企业协同治理的模式。

在具体的产教融合实践中，不少院校也开展了颇有成效的探索，比如浙江工贸职业技术学院在实践探索中将"产教融合"定义为多元参与主体、多向价值诉求、多个关系形态的联合体，是学校内力与社会外力交互的综合体，提出产教融合"四度"架构体系：政府主导的"向度"、高职教育的"高度"、协同育人的"深度"、社会服务的"宽度"。这个"四度"架构体系指出，职业教育的专业建设、人才培养不能单纯地跟着行业或企业走，更重要的是发挥其在行业或企业发展中的"引领"作用，通过有"为"争得有"位"，真正发挥专业人才培育在产业转型升级进程中的积极助推作用（邱开金，2014）。

本研究基于已有产教融合的概念认知，将其内涵概括为职业教育与产业发展相适配、专业设置与产业结构相一致、课程内容与职业标准相统一、教学过程与生产过程相融合等方面，最终实现高职教育为区域产业发展输送所需的高技术技能人才的目标。产教深度融合实践主要包括专业开设与调整、人才培养模式设计、课程体系架构、实验实训基地建设、师资队伍建设、教学模式与方法创新等方面（贺星岳，2015）。

2.2 高职专业建设的内涵与属性

2.2.1 高等职业教育

(1) 高等职业教育内涵

高等职业教育简称为"高职教育",《教育大辞典》将其归为第三层次的教育,是高等教育的重要组成部分。联合国教科文组织在"国际教育分类"(1997)中将其定义为"面向实际的、技术的、职业的"教育,即定位于"某一个特定职业"的教育。因而,高职教育属于高等教育范畴,但与普通高等教育又存在显著差异,即高职教育更凸显教育的职业性与应用性,属于职业教育体系中层次较高的教育。高职教育的招生来源主要包括普通高级中学的毕业生,技校、中专、职高的毕业生;高职教育培养介于技术应用型和直接操作型之间的人才,学制3～5年,学历一般为专科层次,课程体系则是围绕某一职业的实际需求,传授该职业领域的理论知识与实践技能。在2004年6月召开的全国职业教育工作会议上,教育部原部长周济指出,高职教育的根本任务是培养数以千万计的应用型白领、高级蓝领,或称为"银领"的高技能人才。

(2) 高等职业教育属性

高职教育是高等教育的重要组成部分,占据高等教育的半壁江山;与此同时,高职教育也是现代职业教育的重要组成部分,其职业性、实践导向性与服务产业转型升级等属性决定了产教融合的可行性和必要性。

首先,高职教育的本质属性职业性决定了高职教育人才的培养目标具有职业定向性,即培养全面发展的职业人。高职教育的职业性决定了培养人才的职业能力与素养,即参与职业实践、适应岗位工作任务的不断变化和拥有完满的职业生活,须具备综合性的职业能力与素养;高职教育的职业性也决定着专业结构与产业结构的一致性,即新专业的开设或老专业的调整须根据劳动力市场的供求关系来决定,也表征行业、企业对高技术技能人才需求的数量、结构与质量要求,对高职专业的设置、调整及建设内容具有导向作用;高职教育的职业性决定人才培养需要职业教育各要素的协同实现。因而,高职教育的职业性从另一个侧面反映出深化产教融合、校企合作一体化的重要性,进而实现高职教育与社会、行业、企业良性互动、协同育人,培养符合一定区域经济和社会发展的现代职业人,为高职教育的发展提供现实基础。

其次，高职教育作为高等教育的重要组成部分，其根本任务是培养面向生产、建设、管理、服务第一线需要的技术应用型人才，具有实践导向性特点。这一根本任务决定了技术应用型人才培育的独特性，即具有一定的实践导向性，体现了职业导向，又不同于普通高等教育的学术性追求。而实践导向性的实现离不开与行业、企业的交互沟通，即职业院校和企业只有共同参与、协同育人，才能真正有效地实现职业教育学习的实践指向。在具体实践中，高职教育的实践导向性学习要实现三个融入：职业标准融入学习内容、生产过程融入教学过程、职业资格证书融入毕业资格条件。

最后，高职教育凸显对产业转型升级的服务性。产业经济与高职教育的关系如同生产力与生产关系、经济基础与上层建筑的关系，高职教育的观念、制度和实践属于生产关系和上层建筑的范畴，由作为生产力和经济基础范畴的产业发展水平来决定。高职教育与社会经济、行业产业有着天然联系，即高职院校须立足地方经济，对接产业、服务行业，担负起社会责任，主动服务地区产业转型升级，发挥高职院校的独特优势，引领行业或企业塑造区域品牌，打造技术技能人才培育基地，做产业转型升级的支持者与推动者。高职院校只有在服务社会、经济、文化的同时，才能调动行业参与办学的积极性，产生产教融合与校企一体化的动力源泉，推动职业教育的健康有序运行。

2.2.2 高职专业建设的内涵

"专业"的英文表述为 major 或 specialty，《现代汉语词典》（第 7 版）对"专业"有四种解释：（1）高等学校的一个系里或中等专业学校里，根据科学分工或生产部门的分工把学业分成的门类；（2）产业部门中根据产品生产的不同过程而分成的各业务部分；（3）专门从事某种工作或职业的；（4）具有专业水平和知识。本研究中的"高职专业"采用《现代汉语词典》（第 7 版）中的第一种解释。

专业是高职院校办学的核心，良好的专业结构在社会转型期将决定院校的生存与发展。专业是高职院校开展教学活动的基本单元和各项资源配置的载体，也是学院内涵建设和特色彰显的主要标志，更是开展人才培养模式改革的显性平台。以专业建设为抓手，开展课程建设、师资队伍建设、实训基地建设及教学模式改革已成为当下各界的共识。

针对高职院校的专业设置问题，教育部制定了《普通高等学校高等职业教育（专科）专业设置管理办法》和《普通高等学校高等职业教育（专科）专业目录（2015）》（下文简作《目录》），作为高职设置或调整专业、实施人才培养、招生组织、就业辅导的指导性文件，是教育行政部门布局高职专业、布置招生计划、开展专业人才预测的依据，也是学生选择高职专业就读，企事业单位选聘高职毕业生的参考。《目录》共设置了19个专业大类，99个专业类目，748个专业，这些专业对应于产业实践中的291个职业类别。借助《目录》的衔接作用，能更好地推进专业设置与产业需求的适配性、课程内容与职业标准的一致性、教学过程与生产过程的匹配性，使高职专业人才培育更好地服务产业经济发展。

专业建设是高职院校最重要的基本建设之一，是由教学团队、课程体系、实验实训、教学对象、教学管理等多个要素构成的系统工程。高职专业建设的核心是课程体系的设计，而第一要素是教学团队。教学团队中由校企专家分工协作来架构课程体系、开发核心课程、创设校内外实训条件，采用工学结合等方式帮助学生更好认知专业知识，掌握核心技能，形成积极的职业态度，提高就业竞争力和岗位执行力。这个过程就是专业建设要素的组合过程，要素组合的逻辑顺序直接影响着高职专业建设的成效（李占军，2008）。可见，高职专业建设是高职院校优化结构、凸显特色、提高质量、培育高素质人才的根本任务。

2.3 区域产业转型升级的内涵

2.3.1 产业转型升级

产业转型升级的全称是"产业结构高级化"，具体内涵包括技术升级、市场升级、管理升级等多个维度。其中，多数观点认为产业升级的关键在于技术创新与升级，在消化吸收已有先进技术的基础上改进和创新，建立自身独特的技术体系。另外，也有观点认为，如果仅仅依靠技术升级而推进市场升级，就没有真正围绕顾客消费的痛点开展技术升级，因此，产业的转型升级首先是市场升级，须找到"好卖的产品"，然后才能带来企业价值链整体的攀升。

产业转型升级的基本方向在于从低附加值向高附加值的产业升级，从高能耗高污染的产业向低能耗低污染的产业升级，从粗放型经济向集约型经济升级。我们发现，在这一概念中存在"转型"与"升级"两个关键词，两者所表示的内涵与外延存在一定的差异，须对其做进一步的区分，以避免后续概念模型构建中可能出现的偏差。"转型"主要用于表示转变经济增长的"类型",当下是指从高投入、高能耗、高污染、低产出、低质量、低效益的产业类型转向低投入、低消耗、低污染、高产出、高质量、高效益的产业类型,从传统的粗放型产业类型转向集约型产业类型,而不是单纯地转换行业。而"升级"主要用于表示不同产业间的升级,如整个产业结构中由第一产业占优势比重逐级向第二、第三产业占优势比重演进;也用于表示产业的内部升级,即某一产业内部的加工和再加工程度向纵深方向推进,实现技术集约化演进,不断提高产业的生产效率。

2.3.2 区域产业转型升级

"区域"概念最初表示地理位置或空间,在《简明不列颠百科全书》中,区域被解释为"通过选择与特定问题相关的特征,排除不相关的特征而划定的范围,区域的界限是由地球表面的各个部分的同质性和内聚性决定的,区域也可以由单个或多个特征来划定"。

"区域"本身是一个抽象概念,只有赋予其某种特征才能使"区域"具体化;"区域"本身是一个动态的概念,必须符合研究目标与任务才能使"区域"具体起来。本研究分析的是区域产业的转型升级,所以从经济学视角来解释区域产业转型升级,并将其概括为:在一定区域内的产业转型与升级情况,受到自然因素、技术条件、社会经济水平和政府政策等影响,即阳光、降水、热量、土地、能源等自然条件影响着产业的转型升级,同时在一定的生产力条件下,区域产业转型升级还受到资金投入、技术水平、劳动力质量等因素的制约。

2.4 高职专业与区域产业融合的内涵

高职院校的专业结构与区域产业结构有着密切联系,产业结构的调整和升级会影响劳动力资源的需求,劳动力资源的变化则会进一步影响高职院校的专业设置与结构调整。专业是高校连接社会、服务社会的基本单位,科学规划和优化专业布局是高职院校发展的基础,也是产教融合的基础。在十二届全国人民代表大会第五次会议记者会上,教育部原部长陈宝生强调:"只有把专业建在产业链上,才能把握产业发展的真实情况;只有把院校建在开发区中,才能了解开发区产业所需的人才动向。""专业"作为走好高职教育内涵式发展的基点,成为衔接高职教育与现代产业的桥梁,是联系人才与职业的纽带,也是产教深度融合的焦点。

2.4.1 高职专业建设与区域产业转型升级融合的内容

产教融合是校企深度合作的表现，校企一体化是办学层面的融合，而产教融合则更多表现为教学形态层面的融合。产教深度融合的前提是科学规划并优化专业布局，围绕专业开展系列建设。在专业设置上，须以产业发展需求为蓝本，精准把握区域内的产业发展规模、结构与质量要求，提高专业设置的针对性和有效性；专业与产业需求对接，以产业需求状况分析报告、就业率、订单人数和新生报到率为主要依据，控制专业数量，优化专业结构；依据地区产业发展现状及趋势合理定位自己的专业范围和服务行业，寻找自身的发展空间与定位，避免与区域内其他院校重合，实现区域内专业的优势互补、错位发展；及时设置有较大市场需求和较好发展前景的专业，调整没有市场需求或已经过时的专业；充分实现课程内容与职业标准相对接，提升教学内容的针对性（黄艳，2019）。通过专业与产业的交互融合，为区域经济与产业发展培养所需的大批高素质技术技能型人才。这就要求校企同步规划高职专业设置与建设，如校企无缝对接，共同参与研讨、制定实用性较强的专业人才培养方案，通过企业平台与市场接轨，助推人力资源的开发与技术进步，使高职专业人才培育与区域产业转型升级相适配，凸显高职院校的办学特色，强化校企协同育人。

2.4.2 高职专业建设与区域产业转型升级融合的流程

高职专业建设属于教育系统，产业转型升级属于经济系统，虽然两者的价值取向明显不同，两者的融合存在"先天"的排斥性，但实际上两个子系统仍存在相融互化的结合因子。作为国家供给侧改革的重要方面，高职专业建设与产业转型升级是当下产教融合大系统中的两个子系统，两者的融合对知识传递、人才培养、技术进步等有着极其重要的作用，必须通过相关机制的构建维护、保障相互利益，在产教融合大环境下，使两者在交互过程中形成共生、共栖、相互依赖、彼此适应的图景。高职专业建设系统与区域产业转型升级系统融合的基本流程可以从流程主轴与核心要素两个方面去阐释。

从表 2-1 的基本流程可以看出，基于既得的利益契约合作关系，高职专业建设子系统与区域产业转型升级子系统之间有着相互包容、优势互补与利益共享的特性。

表 2-1　高职专业建设系统与区域产业转型升级系统融合的基本流程

流程主轴	融合内聚力（三力）	融合目标（五共）	融合课程与教学（四化）	融合评价（四度）
核心要素	企业教育力 高职院校服务力 学生发展力	教学生产共时 技术资源共享 课程体系共构 专业队伍共建 校企利益共赢	课程范式项目化 课程组织多样化 课程实践生产化 课程成果产品化	学生满意度 企业满意度 学校满意度 社会满意度

（1）两个子系统融合的内聚力："三力"

内聚力是实现融合的前提条件，在推进两者融合互动的过程中，首先须考虑参与企业的教育力，这不仅要求将企业的生产规模与生产效益纳入其中，更重要的是，还要考察参与企业在承担学生专业知识学习、生产实训中所具备的教育教学能力；其次，参与合作企业的服务须根据专业结构、师资力量与水平、科学技术创新、技术技能指导、科学研究能力等衡量高职院校能力；再次，最重要也是最根本的一点是分析学生的发展力，这也成为两者融合交汇的出发点与主要目的。

（2）两个子系统融合的目标："五共"

教学与生产共时要求高职院校的专业实践教学计划须与行业或企业的生产计划一致，合作企业为学生提供实践岗位时要尽量体现实践教学计划与内容的相关性。

技术资源共享则强调高职院校的人力、财力、物力、智力、研发等优势与企业的生产、技术、市场等优势系统整合，使之成为高职专业建设与产业转型升级共享的资源条件。

课程体系共建是把高职院校专业课程内容与行业或企业具体岗位工作任务及所需的知识、技能、素养等相结合，企业专家与院校教师共同为所设专业订立课程标准、设计课程内容、架构课程评价体系等。

专业队伍共建是发挥校企优势互补、资源共享作用的重要体现，具体做法是，推荐高职院校的优秀专任教师担任企业的技术顾问或产品技术研发骨干，安排企业的技术师傅担任学生在专业学习、生产实践中的指导教师，由此推进校企师资的资源共享、利益共赢。

（3）两个子系统融合的要求："四化"

课程范式项目化强调将生产实践项目融入相关的专业生产项目，以专业生产过程的关键知识、核心能力安排实践课程。

课程组织多样化强调高职院校在专业教学中探索多元教学组织形式，如开展生产性实践、识岗、习岗、顶岗等，但并不排斥传统的课堂教学、模拟性实践教学等，倡导课程组织的灵活性与多样性。

课程成果产品化是指在真实产品生产过程中学习，实践性产品的品质将被作为评价学生学习态度、知识应用和迁移能力等重要指标的依据。

（4）两个子系统融合的评估："四度"

根据参与主体间的满意度建立四维度评价体系，其中，学生的满意度是最核心的标准，同时也须考虑高职院校、合作企业的满意度。值得一提的是，由于高职专业建设与产业转型升级融合具有较大的外溢性，会产生社会辐射与较大的先导作用，从而进一步发挥两者交互的社会公益与社会服务效用，因而在评估中也须涉及社会的满意度。

2.4.3 高职专业建设与区域产业转型升级融合的内涵

首先，高职专业建设子系统与产业转型升级子系统融合凸显了多层级性，涉及宏观层面的国家教育部门与经济部门，中观层面的区域职教部门、经济部门与行业协会，微观层面的院系与对接企业。而基于各个层级所制定的政策支持与制度保障，高职专业建设与产业升级的协同共演表现为不同层级系统间的交互作用与相互适应性。

其次，高职专业建设子系统与产业升级子系统融合凸显了嵌入性与复杂性。基于种群思维（population thinking），高职专业建设主体包括各级各类教育管理者、各专业负责人、专任教师与培育的人才，产业升级主体包括行业或企业管理者、技术专家、消费者及各类组织。共演能促进子系统内部主体及系统间主体跨越场域限制、冲破知识鸿沟，实现资源、知识、技术、时空等维度的交叠与嵌入，形成交叉网状的多主体复杂交互分布图景。

最后，两者协同共演的多向因果关系体现在围绕"知识、人才、技术"形成的多元依赖路径。高职专业建设以为区域经济培育所需高技术技能人才为目标开展专业设置与调整、人才培养目标设定、课程体系构建、教学模式选择，而产业升级则以技术升级、市场升级、管理升级为目标，这两个子系统的发展都有赖于知识的增长与扩散、技术的提升与人才的培育。

2.5　本章小结

本章是理论研究部分，对课题所涉及的核心概念如"高职教育""高职专业建设""产业转型升级""产教融合""高职专业建设与产业转型升级融合"等进行了系统界定，目的是为后续两个子系统的作用机理阐释、概念模型构建、两个子系统评价体系的设计、耦合协调度模型创建与实证分析、问题与成因解析、对策举措制定等奠定重要的理论基础。

3 高职专业建设与产业转型升级融合的政策依据和理论基础

在阐释高职专业建设子系统与区域产业转型升级子系统的作用机理，建立两者的概念模型前，有必要先对支撑两者交互融合的政策支撑体系做系统梳理，以此说明这两个子系统融合互动的必要性，以及落实产教融合政策、完善新时代职业教育体系的重要性。另外，本书引入协同共演理论、利益相关者理论、供给侧结构改革理论、不平衡增长理论、增长极理论等，为后续建立两个子系统融合互动的概念模型、设计耦合协调度模型奠定可靠的理论基础，凸显两者融合互动的科学性与可行性。

3.1 高职专业建设与产业转型升级融合的政策依据

随着我国经济社会的发展，基于职业教育面临的现实问题，国家陆续出台了产教结合、工学交替、顶岗实习等协同育人模式。近年来，我国社会经济进入了产业结构转型升级与供给侧结构性改革的关键时期，与之相对应的职业教育也面临着诸多问题，存在"求学者日益增长的美好生活需要与高职教育发展不平衡、不充分之间的矛盾"。在大力开展高职内涵式发展提高人才供给质量过程中，产教融合因其致力于打破职业院校与行业或企业、教育与产业的壁垒而成为解决诸多问题的突破口和人才培育的重要方式。专业建设作为衔接高职教育与产业发展的桥梁和落脚点，有着非常重要的作用，并且在相关的政策文本中也逐渐凸显其重要性。

3.1.1 提出"校企联动开发课程机制"

2013年教育部颁布了《关于深化教育领域综合改革的意见》（以下简作《意见》），从办学体制改革维度提出"完善职业教育产教融合制度"，提出研究制定职业教育校企合作促进办法，出台职业教育集团化办学的指导意见，提升行业指导职业教育的能力，建立健全行业或企业参与办学的体制机制，校企联动开发课程机制。《意见》从机制、制度的视角提出产教融合的实施办法，而在具体的落实中已经包含了专业建设的关键要素——课程，即要求建立职业学校与行业或企业联动开发课程的机制。由此可见，课程既是推进产教融合的落脚点，也是专业建设的落脚点，只有依托校企联合开发与建设的课程才能系统反映行业或企业的真实需求，进而实现高职人才培养与行业或企业的无缝对接与融合。

3.1.2 提出"产教融合体制机制"

2014年6月，由教育部、发改委等六部委制定的《现代职业教育体系建设规划（2014—2020年）》提出，到2015年初步形成现代职业教育框架，使专业人才培养层次更完善，专业结构更加符合产业结构需求，产教融合、校企合作的体制基本建立；到2020年，基本建成中国特色现代职业教育体系，建立校企技术技能积累协同创新机制，院校布局和专业设置与经济社会中的产业发展相匹配。在重点任务中，涉及职业院校专业建设与产业发展融合互动的具体内容主要包括如下几点。

第一，建立基于产业结构的专业调整驱动机制。建立面向市场、优胜劣汰的职业院校专业设置机制、专业设置信息发布平台和动态调整预警机制，从而办好特色优势专业，压缩供过于求的专业，调整在办学层次、办学质量方面与产业需求不对接的专业。

第二，建立基于技术进步的课程改革驱动机制。在适应社会经济发展、产业转型升级、技术进步的背景下，建立国家职业标准与专业教学标准联动开发驱动机制，依据科技进步水平和职业资格标准确定所设专业的课程架构与具体内容，并借鉴发达国家的先进技术，提高职业教育对技术进步的反应速度，到2020年，基本形成与行业或企业对接紧密、特色鲜明、动态调整的职教课程体系。

第三，建立真实应用项目的教学改革驱动机制。职业院校根据真实的生产实践情境真学真做，凸显实践技能，优化教学内容。如按照企业的真实技术与装备开发专业课程的相关理论、技术和实训；推动教学组织形式改革，依据行业或企业的真实业务流程来设计专业的课程模块与教学内容；探寻教学方法改革，如运用真实案例、真实项目调动学生的学习兴趣；等等。

第四，健全高职教育校企协同治理机制，肯定行业、企业在高职专业建设中的主体地位，要求将企业的生产流程与价值创造过程融入专业人才培育进程，校企协同推进知识更新、课程建设、实验实训平台打造、学员培训等活动，积极实践订单培养、现代学徒制、企业学院等协同育人模式，探索引厂入校、引校进厂、前店后校等校企合作新模式。

第五，建立校企协同的技术积累机制。围绕重点产业转型升级进程中所需的核心技术，建立基于行业、企业、院校、政府等多元参与主体的技术积累联动平台与机制，推动新技术、新工艺、新流程、新装备的累积与转化，助推区域产业的转型升级进程。进一步将累积的技术融入高职专业建设与人才培育进程，促进高职专业人才的技术技能与产业发展的适配性，进而为区域产业转型升级培养优质的高技能人才。

3.1.3 提出"学科专业建设与产业转型升级相适应"

国务院办公厅于2017年12月19日印发《关于深化产教融合的若干意见》，指出深化产教融合，促进教育链、人才链与产业链、创新链有机衔接，是当前推动人力资源供给侧结构性改革的迫切要求，将促进人才培养供给侧与产业需求侧结构要素的全方位融合，培养大批高素质创新人才和技术技能人才，进而加快建设实体经济、科技创新、现代金融、人力资源协同发展的产业体系。该文件还明确提出要"建立紧密对接产业链、创新链的学科专业体系，健全需求导向的人才培养结构调整机制，强化就业市场对人才供给的有效调节，严格实行专业预警和退出机制"。

（1）强调推动学科专业建设与产业转型升级相互适应

为推进教育和产业统筹融合发展，要建立与产业链、创新链紧密衔接的学科专业体系，并针对不同类型的产业发展要求设立专业，如大力发展现代农业、智能制造、高端装备、新一代信息技术、生物医药、节能环保、新能源、新材料，以及研发设计、数字创意、现代交通运输、高效物流、融资租赁、电子商务、服务外包等产业紧缺专业；积极支持家政、健康、养老、文化、旅游等社会领域专业发展，推进专业的标准化、规范化、品牌化建设；加强智慧城市、智能建筑等城市可持续发展能力相关专业建设；大力支持集成电路、航空发动机及燃气轮机、网络安全、人工智能等事关国家战略、国家安全的学科专业建设。

（2）提出建立健全需求导向的人才培养结构调整机制

注重发挥市场机制在配置非基本公共教育资源中的作用，发挥就业市场对人才需求的有效调节作用。依托进一步完善职业院校毕业生就业质量年报制度，发挥行业组织人才需求预测、用人单位职业能力评价作用，将专业人才的市场供求比例、毕业生就业质量作为职业院校设置或调整学科专业、确定培养规模的重要依据；严格实行专业预警和退出机制，引导学校对设置雷同、就业连续不达标的专业，及时调减或停止招生。

（3）强化行业或企业在高职专业建设中主体作用的发挥

深化"引企入教"模式，引导行业或企业深入参与职业教育教学改革、专业规划、课程设置、教材开发、教学设计、实验实训、毕业实习，将行业或企业需求融入专业人才培养进程。鼓励实行面向企业真实生产环境的任务式培养模式，职业院校新设专业原则上应有相关行业或企业参与。鼓励企业依托或联合职业院校设立产业学院和企业工作室、实验室、创新基地、实践基地。开展生产性实训实习，健全学生到企业实习实训制度。鼓励以引企驻校、引校进企、校企一体等方式，吸引优势企业与职业院校共建共享生产性实训基地；支持区域性实训基地的共享，调动中小微企业参与校企合作的积极性。

3.1.4 提出"校企协同开展专业建设"

2018 年 2 月 12 日，教育部、发改委、工信部、财政部等六部委印发《职业学校校企合作促进办法》（教职成〔2018〕1 号），进一步明确校企合作要求，校企双方以协同育人、合作研究、共建机构、共享资源等方式开展合作，在具体的合作形式中，要求职业院校与行业或企业能协同人才培育、技术创新、就业创业、社会服务、文化传承等活动。该办法的第一条就要求职业院校专业建设与产业发展相互融合，即职业院校须根据行业或企业的就业需求协同设置与调整专业、制定专业标准、架构课程体系、研制教学标准、编写教材等；在合作制定人才培养方案中实现校企专家的互兼互聘，为学生实训实习、教师实践、学生就业创业、员工培训、技术和产品研发、科技成果转化等提供有力支持。

在具体实施中，要将校企合作水平作为评估职业院校办学水平的重要衡量指标，尤其需要凸显行业或企业在院校专业设置与调整、专业招生人数确定、人才培养模式建立、课程体系架构、专业师资配备、专业项目支持、教育教学评价等方面的参与程度；鼓励设置有就业市场与前景的新专业；鼓励职业院校与合作企业开展学徒制培养模式，设立学徒岗位，校企联合招生，共同致力于人才培养方案的制定，采用工学交替方式推进专业人才的培育；具备职业院校相应岗位任职条件的行业或企业经营管理人员、专业技术人员等高技术技能员工，经职业院校认定和聘任，可担任兼职教师，并享受相应待遇。

3.1.5 提出"产教融合、校企双元育人模式"

2019 年 2 月 13 日，国务院印发《国家职业教育改革实施方案》，提出职业教育改革新思路，以促进就业和适应产业发展需求为导向来优化职业院校专业布局，深化办学体制与育人机制改革，到 2022 年，实现职业院校教学条件基本达标，在全国范围内建设 50 所高水平高职院校和 150 个骨干专业（群）。

在具体实施中，要求进一步完善国家职业教育制度体系，建设职业教育的国家标准、推进产教融合、校企"多元"育人模式，形成职业院校、行业或企业、政府部门等多元办学格局，实现传统的职业教育由政府举办为主向当下的政府统筹管理、社会多元主体办学模式的转变，响应国家对职业教育提出的由规模扩张向质量提升转变，由参照普通教育办学向政、行、校、企多元主体参与模式转变，形成专业特色鲜明的多主体协同治理模式。

3.1.6 提出"深化产教融合改革的战略任务"

由国家发改委、教育部、工信部等六部委印发的《国家产教融合建设试点实施方案》（2019）明确提出：发展是第一要务，人才是第一资源，创新是第一动力，深化产教融合成为推进当下人才供给侧改革的首要战略任务之一。通过建立以城市为节点、以行业为支点、以企业为重点的育人机制，推进职业教育体系和行业或企业体系中的人才、智力、技术、资本、管理等要素资源的交互融合、优势互补，使之成为推进地区及国家高质量发展的新引擎。在此基础上，通过试点产教融合型城市与产教融合型企业的模式，依托企业、城市在省域内的辐射影响力和完善的组合激励政策体系，推进地区产教深度融合体系的生成，发挥其对地区产业经济的引擎效力。

在具体试点实施中，首先，要健全需求导向的人才培养结构动态调整机制，建立与产业链、服务创新链紧密对接的学科专业体系；其次，进一步推进现代学徒制等产教融合人才培养模式的改革，以实验实训为关键环节，尤其凸显生产性实训基地作用的发挥，在实践中探索适合职业教育技术技能人才培育的新模式，突出企业在人才培育中的主体地位，推进校企协同治理与协同育人；再次，职业院校与企业建立联盟，与企业联合、同园区联结，在技术类专业中系统有序推进现代学徒制和企业新型学徒制；最后，有效推动校企协同构建规范化的技术课程、实习实训基地和技能评价准则体系，提升行业或企业承担专业技能教学和实习实训能力指导的力度，提高企业职工教育培训覆盖率和培育质量。

综上所述，政府部门系列政策的颁布，正彰显了产教深度融合的重要性，也凸显了职业教育专业建设与产业转型升级交互融合的必要性，以及政府部门对突破两者融合互动中存在的瓶颈问题的坚定决心。在当前的经济形势下，如何通过高职专业建设与区域产业转型升级的交互融合实现产教深度融合，全面贯通产业链、教育链、人才链、创新链，已成为政府部门、学术界、产业界共同关注的热点。

3.2 高职专业建设与区域产业转型升级融合的理论基础

本研究将高职专业建设子系统与区域产业转型升级子系统置于统一的开放生态系统中，基于协同共演理论、利益相关者理论、供给侧改革思想、不平衡理论、增长极理论等分析两个子系统的相互关系，进而构建两者融合互动的概念模型，为后续两者的耦合协调度模型构建及测度奠定理论基础。

3.2.1 协同共演理论

协同共演（coevolution），又称协同进化、共同演化，最早出现于 20 世纪 60 年代的生物学领域，用于解释生物与环境的交互关系，泛指两个相互作用的物种在进化过程中相互适应的过程。20 世纪 80 年代，Norgaard（1985）首次运用类比（analogy）将协同共演理论应用于社会经济系统。随后学者们进一步推进协同共演理论的应用，在一个由不同层级子系统构成的复杂系统中，形成各子系统内部及子系统间的交互关系，涌现了生物—经济、生态—经济、生产—消费、技术—偏好、技术—制度、行为—制度、基因—文化等共演进程（Volberda 和 Wilson，1998）。

Norgaard（1985）认为共演在经济系统中充分反映知识、价值、组织、技术和环境这五个子系统间的交互作用关系，每一个子系统的变异都会影响其他子系统的选择环境。Mikko Jouhtio（2006）认为共演是两个或多个相互依赖（共生、共栖、竞争）物种的相互交织与互相适应；Kauffman（2002）认为共演是一个子系统改变另一子系统的适应图景（Fitness Landscape）；Malerba（2006）认为协同共演是系统中参与主体行为特征与具体行为、战略、策略等的交互影响；黄凯南（2008）则将协同演化定义为与演化动力交织于一体的主体间的交互反馈机制。

由此可见，协同共演理论为阐释系统中具有多层级、多主体的交互作用提供了崭新的视角，通过凸显系统中要素、主体、模块间的双向或多向因果关系，多层级、嵌入性、复杂性、正反馈效应、路径依赖特征来追踪主体行为的演化轨迹（evolutionary trajectory），进而改变彼此的适应图景。

3.2.2 利益相关者理论

利益相关者理论诞生于1963年，由美国斯坦福大学研究所提出，研究者将其定义为由具有相关利益的个体构成的群体，并成为支持企业生存的基础。这一概念较为宽泛，但仍能看到企业的生存不仅仅在于企业自身，也在于与利益相关者的关系，即在考虑企业个体目标实现的同时，还要考虑与其相关的企业或群体目标的实现。

弗里曼在其著作《战略管理：利益相关者方法》（1984）中对利益相关者做出了更进一步的定义，认为管理者须在经营管理活动中平衡各相关者的利益诉求，利益相关者只有在预先知道获得激励和补偿的情况下才会展现出无尽的动力与活力。这一概念的界定为校企深度融合提供了可靠的理论基础。

联合国教科文组织于1988年在巴黎召开的世界高等教育大会上提出：高等教育不仅需要各国政府和高等院校的积极参与，也需要所有与之有关的人士的参与，即高等教育要与社会、政府、业界、学生等建立广泛的合作伙伴关系。

由此可知，利益相关者是任何可能影响组织目标实现或受到该目标影响的群体或个人。Mitchell（1997）认为，一个组织的利益相关者必须具备三个属性：合法性，即利益相关者被法律和道德上赋予索取权；紧迫性，即其主张或要求可立即引起组织决策者的关注；影响力，即具有影响组织的地位、能力和手段。某一组织、群体或项目之所以能获得长期的可持续生存与发展的有效路径，关键就在于系统了解与之相关的利益群体的需求并进一步满足其需求。另外，良好的利益分享机制也是推进校企深度融合、专业—产业交互的动力和维系交互作用的保障。

3.2.3 供给侧改革思想

供给侧改革的全称是"供给侧结构性改革"，这一概念是习近平同志在2015年11月的中央财经领导小组会议上首次提出的。在经济学中，供给、需求分属经济活动的两端，供给侧是相对于需求侧的概念，往往指生产产品、提供产品的一端，在供给产品与服务的进程中需要土地、资本、劳动力、技术等要素资源；而需求侧则是购买产品与服务、消费产品与服务的一端，消费、出口、投资被称为带动经济需求的"三驾马车"。

供给侧改革重点强调产品或服务在生产端与供应端的优化提升。这一思想的提出主要是针对当下经济发展速度放缓，从表面上看似乎是有效需求不足，实际上是有效供应不足、产业结构失衡、供需错配引起的深层次症结。供给侧改革凸显了以改革理念与创新思维助推供给侧的结构调整，目的是优化资源配置，提升产品或服务的供给能力、服务质量和供给效率，获得社会经济的可持续发展。正如龚刚（2016）在其研究中提出的，供给侧改革体现的是一种与时俱进的实践智慧，提供了一种解决当下经济发展问题的新视角，这也为本研究提供了新的思路。

3.2.4 不平衡增长理论

不平衡增长理论是美国著名经济学家赫希曼（Hirshman）在其著作《经济发展战略》（1958）中提出的。赫希曼认为，企业须集中人、财、物等要素资源投资于某些部门，使投资被用于最佳的用途。这一理论也是集中化策略的重要体现，即将有限的人、财、物等要素资源集中投向关键部门，通过关键部门的优先发展来带动其他部门的发展，并推及其他的产业部门，带动其他产业的全面发展。这一理论主要通过"引致投资最大化"理论和"关联度效应"理论来论证其有效性与可行性。

不平衡增长理论主要从资源优先配置的角度，将其投向最具生产潜力、最重要的部门或产业，进而获得行业、企业的效用最大化，并带来社会溢出效益的最大化。不平衡发展理论遵循了经济发展进程中的非均衡规律，突出了重点产业和重点地区的独特价值，有利于资源配置效率的提升。这一理论在本课题研究中表现为，选择丝绸之路经济带核心区作为本研究的实证对象，为挑选核心区内各州市重点产业与高职专业建设交互融合的合理性与可行性奠定了可靠的理论基础。

3.2.5 增长极理论

增长极理论是法国经济学家佩鲁（Perroux）在其著作《增长极概念的解释》（1995）中提出的。在该书中，他对"增长"这一概念重新做出了界定，认为并非所有部门或者所有地方同时出现增长现象，而是首先出现在一些增长极上，再通过不同渠道的向外扩散与辐射，对整个经济系统产生不同程度的影响。可见，增长极理论并非要求每个部门、每个地区或每个产业按照同样的速度均衡增长，而是认为不同部门、地区或产业是以不同的速度非均衡地增长。

在增长极理论的应用中，强调通过一些主导部门、有创新能力的企业、有发展前景的产业的集中发展，形成资本、人力、技术的高度集中，产生规模经济效益，并通过自身的迅速增长对邻近部门、地区、产业产生强大的辐射作用。本研究将丝绸之路经济带核心区新疆作为重点研究对象，且选择核心区各州市的重点产业作为研究内容来分析产业转型升级现状，也是对增长极理论的一个重要应用。

3.3 高职专业建设与产业转型升级协同共演的内涵

高职专业建设属于教育系统，产业转型升级属于经济系统，两者均为供给侧改革的重要方面，是当下产教融合大系统中的两个子系统，两者的融合对知识传递、人才培养、技术进步等有着极其重要的作用。在产教融合大环境下，两者作为利益相关者在交互过程中形成了共生、共栖、相互依赖、彼此适应的图景。

3.3.1 高职专业建设与区域产业转型升级融合的利益相关者

基于美国学者索夫斯基对大学利益相关者的系统研究结果，国内学者贺修炎（2008）认为，高职院校的利益相关者主要包括政府部门、专任教师、管理人员、学生、家长、校友、媒体、社会公众等，企业的利益相关者主要包括企业股东、管理者、企业员工、企业技术人员、终端用户、分销商、供应商、贷款人、政府部门、行业协会等。基于此，在高职专业建设子系统与区域产业转型升级子系统的交互融合演进中，涉及的利益相关者包括院校领导、指导教师、实习学生等，以及企业相关领导、指导师傅等组成的内部利益相关者，其他则称为外部利益相关者，具体如图 3-1 所示。

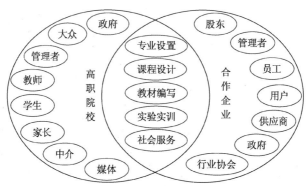

图 3-1　高职专业建设与区域产业转型升级交互融合的利益相关者

高职专业建设与区域产业转型升级交互融合的利益相关者的需求主要

表现为，学生对获取专业知识与技能、职业生涯发展的需求，院校对行业产业转型升级情况、专业建设要素资源的需求；产业对高职专业人才数量与质量的需求，国家社会经济发展对人力资源规模、结构等的需求。由此，将两个子系统融合互动中最关键的利益相关者（政府部门、行业或企业、学生/家长、院校/教师）的要素投入与关键收益汇总于表3-1。

表3-1 高职专业建设与区域产业转型升级交互融合的投入、收益情况

关键利益相关者	资源投入	关键利益
政府	教育经费、教育方针与政策等	大学毕业生就业、社会安全与稳定、经济和产业发展、建立创新型企业发展、建立创新型国家、税收
行业或企业	企业的人才需求，实习/实训机会、职场环境（软硬件）、企业专家及其他资源	聘用符合企业要求的专业毕业生、产业转型升级所需的创新创业人才，企业研发所需的智力资源
学生/家长	学习时间、费用	能力/素质、就业质量、职业发展
院校/教师	师资、管理、教育设施环境、学科知识、教学经验	教职工生存/发展、毕业生就业率/就业质量、杰出校友、经费/生源/知名度

3.3.2 高职专业建设与区域产业转型升级协同共演的内涵

首先，高职专业建设子系统与区域产业转型升级子系统的交互融合体现出多层级性。系统涉及宏观层面的国家教育部门与经济部门，中观层面的区域职教部门、经济部门与行业协会，微观层面的院系与对接企业。基于各层级的产教融合政策支撑与制度保障，两个子系统的协同共演即为不同层级系统的交互作用与相互适应过程。

其次，高职专业建设子系统与区域产业转型升级子系统融合凸显了嵌入性与复杂性。基于种群思维，高职专业建设主体包括各级各类教育管理者、各专业负责人、专任教师与培育的人才；产业升级主体包括行业或企业管理者、技术专家、消费者及各类组织。协同共演能促进子系统内部主体及系统间主体跨越场域限制、冲破知识鸿沟，实现资源、知识、技术、时空等维度的交叠与嵌入，形成交叉网状的多主体复杂交互分布式图景。

最后，两者协同共演的多向因果关系还体现在围绕知识、人才、技术形成的多元依赖路径。高职专业建设以为区域经济培育所需高技术技能人才为目标开展专业设置与调整、人才培养目标设定、课程体系构建、教学

方式选择，而产业升级则以技术升级、市场升级、管理升级为目标，这两个子系统都需要知识的增长与扩散、技术的提升和人才的供给。

3.3.3 高职专业建设与区域产业转型升级协同共演的主要进程

将 Romer（1990）、Grossman 和 Helpman（1991）、Aghion 和 Howitt（1998）等的熊彼特主义技术进步驱动理论，Alcouffe 和 Kuhn（2004）、Jovanovic 和 Yatsenko（2012）等的技术扩散驱动理论，黄凯南（2010，2014）等的技术创新驱动理论应用于两个子系统的交互融合进程中，围绕知识、人才、技术、制度等驱动要素推进两者由内而外、由个体至整体、由微观至宏观的协同共演进程。

（1）企业层面转型升级演化

企业围绕技术、市场、管理的升级，制度、体制的创新，先进知识与优秀人才的输入，向主导性、支柱性、战略性产业转型，提升其生产、运营、管理效能，助推企业发展与外部环境的综合协调。

（2）产业层面转型升级演化

根据产业内企业转型升级情况、消费者需求、政策制度要求，通过产业内技术创新、人才输入、政策制度支撑的共演，形成产业内竞合效应，扩张技术创新型、战略型、环境友好型产业，收缩或淘汰低效率、高能耗、落后产能的产业，推动区域内产业的可持续发展。

（3）高职专业建设演化

作为国家供给侧结构性改革重点之一的高技能人才供给基点的高职专业，围绕区域产业转型升级要求、技术创新要求、人才规格要求等开展针对性研究、科学性预测、系统性分析，开展高职专业设置与结构调整，人才培养定位、课程体系构建、教学方式设计等。

（4）高职专业建设子系统与区域产业转型升级子系统的协同共演

发挥各级各类政策、制度的牵引与支撑作用，推进两个子系统的交互协同，建立畅通的"专业—产业"链，形成以技术进步为主轴，以人才培养为根本，融入创新驱动生态系统的专业—产业交互作用联合体，助推行业或企业技术创新与转型升级。

（5）整个产教融合系统的演化

通过高职专业建设子系统与区域产业转型升级子系统间的横向协同、纵向协同、机制协同，依托专业链有效贯通教育链、产业链、创新链，实现高职教育人才供给侧的结构性转变，提升高职教育的社会服务能力与水平，助力区域产业的转型升级与社会经济的可持续发展。

3.4　本章小结

本章系统梳理了产教融合政策体系中关于专业—产业融合互动的相关内容,并引入支撑本研究的关键理论——协同共演理论、利益相关者理论、供给侧改革思想、不平衡增长理论、增长极理论等,阐释高职专业建设子系统与区域产业转型升级子系统协同共演、交互融合的演化进程,为后续构建两个子系统交互的概念模型与耦合协调度模型奠定扎实的政策支撑与理论基础。

4 基于协同共演理论的高职专业建设与产业转型升级融合模型

高职专业建设与区域产业转型升级的协同共演是围绕知识、人才、技术、制度等要素交互作用、相互影响的适应图景，使高职专业结构与产业结构相一致，专业规模与产业规模相匹配，专业设置与产业方向相吻合，专业定位与产业需求相融合，使两者的耦合协调度达到最优水平。

4.1 供给侧的演化

供给侧改革是基于提升供给质量，优化结构，实现人才、资本、技术、创新等要素的最优配置，提升供给对需求变化的适应性与灵活性。国家供给侧改革虽然主要是针对产业经济领域提出的，但其所包含的理念和精神对破解高职教育教学改革困境具有重要的借鉴价值。诺贝尔经济学奖获得者西奥多·舒尔茨（1994）提出："学校可以视为专门生产学历的厂家，教育机构可以视为一种工业部门"。而高职教育除了具有通用的教育特性以外，还具有独特的职业性、实践导向性和经济性，当然也存在典型的供给侧与需求侧。高职专业建设子系统与区域产业转型升级子系统交互融合的供给侧演化是围绕知识、人才、技术等要素资源的创新与选择所开展的相互适应图景。

4.1.1 知识演化

高职专业建设系统、产业转型升级系统都需要知识资源的积累与流动，但两者的知识资源分属两类知识种群，具有场域性。根据 DICE 模型的知识资源层次分类，教师、职工、学生、企业等属于知识个体，其承担相似的岗位工作任务，具有特定的知识与能力的知识个体集合形成知识种群，而不同知识种群间的交互作用集合又构成了知识群落（贺团涛、曾德明，2008）。高职专业建设与产业转型升级融合将不同角色定位的群体角色转换与任务交叉执行，使知识资源交互流动，缩小知识鸿沟，实现场域交叠，形成新的心智模式与知识群落。

在高职专业建设与区域产业转型升级共同演化的进程中，有效的知识供给有赖于知识的创新与选择。创新的知识是驱动区域产业转型升级的关键要素，也是带动专业建设的前提与基础；而有效的创新机制是知识更新、流动与知识群落生成的保障，也是两者融合互动的燃料；面对多样化的创新知识，依托精准有效的选择机制筛选与区域产业转型升级适应度高的知识在系统中扩散，并淘汰适应度低的知识。

4.1.2 人才演化

人力资源是当下供给侧改革的重要方面，不管是高职专业建设子系统的演化，还是区域产业转型升级子系统的演化，都需要人力资源的有效与持续供给。高职专业建设的前提是对现有行业或企业人才需求做针对性研究、科学性预测与系统性把握，将行业与企业需求融入专业设置、专业调整、专业定位、专业人才培育等专业建设的各个环节，实现人才结构、规模、质量与区域产业转型升级的切实需求相适配，助力区域产业转型升级。

高职专业建设需要行业或企业技术专家、管理者等人力资源支撑，依托校企横向合作、纵向合作、跨界合作等模式为专业调整、专业定位、课程设计、教学模式创新等提供人力资源支撑，增强专业建设与区域产业转型升级的适配性。

4.1.3 技术演化

现代企业制度与学校制度均源于工业化时代的技术进步，技术演化是当下推动供给结构演变的动力与内容，包括技术创新、技术扩散与技术应用（毛雁冰、孙凯，2016）。在高职专业建设与区域产业转型升级融合系统，乃至整个产教融合系统中，技术进步是各层次融合的主轴所在。

高职院校在专业建设中起着"发现"科技创新的重要任务，一方面在专业人才培养目标、课程体系架构、课程标准设计、教学方法创新等方面选择与区域产业转型升级相匹配的技术，另一方面则依托系统内主体在产业服务中探索新技术与新方法；而行业或企业转型升级担负着"发展"科技创新的重要任务，在科技创新成果转化、新技术应用、新产品开发中发挥重要作用。因而，技术演化也须根据"创新—选择—扩散"的逻辑，受技术选择、扩散的影响，即在选择中扩散，在扩散中进一步选择并产生新技术，实现双向交互与反馈，凸显强路径依赖特性，助推高职院校、行业、企业技术积累创新共同体的形成。

4.2 需求侧的演化

需求侧是供给侧的前提与依据,在社会经济系统中包括消费、投资、出口这"三驾马车"。在高职专业建设与区域产业转型升级融合中,需求侧的演化包括两个子系统内部和外部需求比重的变化、主体消费结构的变化,以及不同需求能力的变化。

4.2.1 需求结构演化

首先,互需为两个子系统间的交互提供了可能。高职专业建设子系统与区域产业转型升级子系统中存在一定的共需结构,区域产业升级子系统需要专业人才、科技进步、市场需求、管理创新等核心要素,这有赖于高职教育的供给;高职专业建设子系统亟需行业或企业技术专家、产业先进技术、生产性实训基地等,这有赖于行业或企业的供给。

其次,主体消费需求是系统演化的微观动力。在高职专业建设子系统中,专业负责人、专任教师、学生等参与主体必须依托知识、技术、资金、设施、设备等要素的投入来提升教学服务、社会服务、科技创新服务能力;而企业技术专家、管理人员等主体则必须依托新的知识、新的技术与新的技能助推产业的转型升级,提高要素的投入产出效率。

最后,市场需求、政策法规、体制机制是影响两个子系统融合内外部需求结构的重要因素,如深化产教融合战略的实施,将助推两者的良性互动,增加行业或企业在高职专业建设中的资本、技术、人才投入,进而为区域行业、企业精准供给新技术与专业对口的高技术技能人才,加快区域产业的转型升级进程。

4.2.2 基于偏好的演化

偏好是需求结构演化的重要微观动力,也是需求侧演化的重要内容。在两个子系统的交互融合中,参与主体会根据特定演化情境下的收益情况探寻适合两者融合的思路、方法、模式与路径。这种收益不仅包括物质收益,也包括非物质收益,如为行业或企业带来科技创新、创新成果转化、知识增长等可量化收益,以及高职专业建设中的人才培养质量、教学模式创新、教学方法改革等非量化收益。

4.3 供需协同共演

供给侧与需求侧的协同共演直接影响着高职专业建设子系统与产业转型升级子系统交互融合的速度与效率。其中，政策制度起着至关重要的作用。这两个子系统交互融合的需求侧与供给侧协同共演，会受国家制度、区域制度、行业制度、企业制度等不同层面制度的影响，也会受到政治制度、经济制度、教育制度、文化制度等不同领域制度的影响。

4.3.1 政策制度对供给侧演化的影响

首先，与产教融合相关的权力配置的政治制度与作为激励约束条件的经济制度，引导两个子系统交互融合中的知识供给要求，如知识结构、知识创新、知识扩散、知识应用等，并通过两个子系统间的交互作用提升知识的配置效率。

其次，国家战略要求、行业或企业转型升级、深化产教融合等制度为两个子系统的人才供给提供宏观指导；中观与微观指导则是围绕专业人才供给标准，开展产业发展人才需求的科学预测与系统把握，推进高职专业调整设置、人才目标定位、课程体系、人才评价模式构建等，为促进两个子系统的适配性提供支撑与保障。

最后，制度本身就是重要的选择机制，"中国制造2025"、创新驱动发展战略等宏观政策影响着技术的演化，指引着两个子系统中的技术创新方向；操作层面的政策制度，如有关研发投资规则、知识产权保护条例等政策制度的颁布与实施会影响两者协同共演中的技术扩散速度和效率。

4.3.2 政策制度对需求侧演化的影响

首先，政策制度对系统的需求与结构产生影响。国家、地区的经济发展战略直接影响着区域产业的转型升级方向，从而影响行业或企业转型升级中的知识更新、专业人才、技术创新等投资需求与结构，也影响着高职专业建设知识、技术、人才、设施、设备等投资需求与结构，并借助政策制度的正反馈机制调整需求与结构。

其次，政策制度对系统参与主体的偏好演化产生系统影响。产教融合相关政策制度会对高职专业建设与产业转型升级系统参与者选择适合的互动模式、融合路径产生影响，参与者往往会考虑交互的成本与效益，进而影响到基于参与者偏好的选择机制。根据一般常识，系统参与者往往会选择交互成本低、交互效果好的融合模式；此外，政策制度引导着整个社会的价值文化，成为参与者评判价值的主流标准。这在一定程度上也会影响参与者行动的偏好：如果某种偏好与主流社会价值相符，则易被主体接受；反之，当偏好与主流社会价值相背离时，即使能带来高收益，也仍可能被摒弃。

由于协同共演发生在高职院校、专业建设系部、产业部门、行业协会、企业等多层次参与主体中，各个层面的政策与制度都将影响这两个子系统的协同共演进程，通过相互嵌套的规则产生交互影响，使两者在各层级都能协同共演，从而促进高职专业建设的精准化与有效性、区域产业转型升级的高效性与可持续性，推动两者朝高效率、高质量的融合互动形态演进。

4.4　高职专业建设与区域产业转型升级融合的概念模型

本研究基于供需共演视角阐释了高职专业建设子系统与区域产业转型升级子系统交互融合的机理、过程和动力，说明供需共演水平直接决定着两者的适配度与匹配性，也决定了高职专业建设的方向与速度、区域产业转型升级的方向与效率。因而，有必要基于协同共演视角构建高职专业建设与区域产业升级融合的概念模型（图 4-1），以此作为系统分析两者融合互动现状，探索两者融合路径的基础。

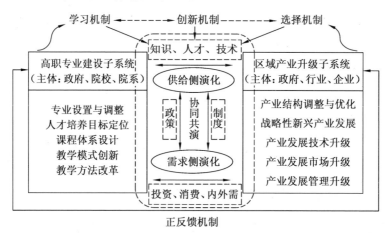

图 4-1　高职专业建设与区域产业转型升级融合的概念模型

4.4.1 技术技能创新共同体

在高职专业建设与产业升级融合中,技术创新是两者融合互动的要点,是供给侧演化的动力所在,也是促进两者协同共演、交互融合的关键点所在。

第一,两个子系统中的专业负责人、专任教师、行业或企业专家、企业技术人员、管理人员等参与主体建立技术技能积累创新共同体,重塑"专业—产业"链,围绕技术创新这一主轴,依托创新共同体的跨界融合形成的知识群落,将创新要素聚焦并集成于技术创新,推动技术技能的积累、传承、发展、创新,实现集群创新成效的最大化。

第二,依托技术技能创新共同体寻求两个子系统交互融合的价值诉求,探寻两者互需的利益共同点,以需求促进价值交换,进而推进两个子系统的同步规划、设计与发展,进一步将科研成果与技术创新成果转化为行业或企业现实的生产力、创新力与竞争力,同时将产业转型升级所需的技术技能创新成果作为专业建设要素融入高职专业的教育教学情境。

第三,依托技术技能创新共同体进一步落实高职院校与行业或企业合作,如通过共建创新实验室、技术研发中心、产学研协同创新基地等具体的物理空间集聚创新要素,推进共同体围绕工艺流程创新、产品创新、品牌创新等深化合作内容,推动整个产业链关键环节与核心技术创新,解决科学研究与市场需求脱节等问题,增强高职院校与行业或企业间的信任度与包容性。

4.4.2 要素资源共建共享平台

在高职专业建设子系统与区域产业转型升级子系统协同共演进程中,两者基于知识更新、专业人才、技术创新推进供给侧演化,基于要素投入、消费需求与偏好推进需求侧演化。由此可见,人、财、物、知识等要素资源是两者融合互动的驱动力,并实现产教要素资源的相互转化。在互联网、移动互联网大环境下,亟需基于网络化、平台化、生态化思维构建"行业领先企业+高职院校+专业服务机构+中小企业群"的要素资源共享平台,形成专业—产业交互融合的自我演化系统。

第一,依托要素资源共享平台,将专业建设与产业转型升级进程中的要素资源交互作用,一方面将高职专业建设中的人、财、物等要素转化为行业或企业升级中的生产要素与现实生产力;另一方面,将行业或企业生产进程中的设施、设备、资金、技术等要素资源投入高职专业人才培育实践,实现两个子系统的供需共演,协同共赢。

第二，依托要素资源共享平台，推进两个子系统共同演化中对专业人才的真实需求。通过入驻平台的行业龙头企业的引领作用带动中小企业集群的转型升级，推进转型升级中对各类创新型人才标准的系统把握，为高职专业设置与调整、专业目标定位、课程体系设计、教学方法改革等提供依据，为区域产业转型升级培育所需高技术技能型人才奠定基础。

第三，依托遵循市场机制与价值规律的要素资源共享平台，推进高职专业建设与行业或企业紧密对接，共享校企师资、共建生产性实训基地、协同技术创新等，满足系统中各参与主体的多元化需求。

4.4.3 协同共演融合互动机制

在高职专业建设子系统与区域产业转型升级子系统的交互融合中，基于供需协同共演能更好获取两者融合互动成效，通过建立健全创新机制、选择机制、学习机制、正反馈机制的保障作用，实现供给侧与需求侧的均衡发展。

(1) 创新机制

在国家创新驱动战略引导下，产业转型升级的前提是创新，它不仅是两个子系统自我演化的条件，也是子系统间演化的必然要求。在两个子系统的交互融合中，围绕创新型技术技能型人才培育，重塑以创新为中心的价值链。在产业转型升级子系统中，运用分配、奖励制度提升子系统内部的技术创新、商业模式创新、品牌创新；在专业建设子系统中，围绕技术创新教学内容与教学模式，通过完善的创新机制来实现专业建设子系统与产业转型升级子系统在创新中的交互性，集聚创新要素促进技术进步，实现两者的协同演化。

(2) 选择机制

在高职专业建设子系统与区域产业转型升级子系统的供需共演进程中，必须依托健全、有效、精准的选择机制实现深度融合。如在产业转型升级子系统中的技术、人才、知识等要素筛选中，根据多样化的创新知识、技术与人才，制定和宏观政策制度相一致同时又能凸显中观与微观的筛选标准，精准选择所需的知识、技术与人才，推动产业的转型升级进程；在专业建设子系统中，也必须制定相应的筛选标准，如调整专业结构、定位人才培养目标、设计课程体系，进而促进两个子系统的适配性。

(3) 学习机制

在协同共演系统中，围绕知识、技术等核心要素开展的知识与技术的更新、交流、传递、扩散，有赖于稳健学习机制的助推作用。

在交互融合系统中须建立完善的学习机制，通过参与主体内外部环境的交互与学习资源的共享，不仅在各子系统中推进学习，积累知识并推进知识更新，也能在系统间发挥知识种群的效用，突破场域限制，如围绕前沿知识与先进技术交流研讨，行业或企业与高职科研人员共同研发新技术、新方法，积累新知识；鼓励高职院校专业师生围绕行业或企业要求开展科研工作，如推进发明专利在企业中的转化应用等。此外，制定企业员工年终绩效与高职专业建设服务挂钩，高职院校教师绩效中建立社会服务的运行机制，从而保证两个子系统的参与主体能交互学习，使知识、技术实现共生、共享、共栖，有效推进供需的协同共演。

（4）正反馈机制

在高职专业建设子系统与区域产业转型升级子系统的融合进程中，要取得知识、技术、人才、制度等方面的成效有赖于健全的正反馈机制的监控。在政策制度指引下，制定反馈评价标准，设置反馈评价指标体系，凸显知识更新成效、技术创新水平、专业人才就业率、就业匹配度等指标评估两者融合的成效，并及时调整两者融合的理念、方法、模式等，以此保证两者的有序融合、良性互动。

4.5 本章小结

在深化产教融合背景下，"专业—产业"链是畅通教育链、产业链、创新链的重要纽带。本研究围绕知识、人才、技术等核心要素，基于协同共演视角，系统阐释技术、制度、偏好在演化过程中的交互影响，从而更精准地阐释演化过程中各结构变迁的深层次动力机制。从传统的供给侧或需求侧单向链条转向供给—需求协同共演，形成"供给—需求—供给"闭环链条，从创建技术技能创新共同体、打造要素资源共享平台、优化协同共演融合互动机制等方面提升要素配置的合理性、技术进步的显著性、制度的保障性，尤其凸显要素互动机制对系统演进的价值，依托健全的创新机制、学习机制、选择机制，提升高职专业建设子系统与区域产业转型升级子系统交互融合的速度与效率。

5 高职专业建设与区域产业转型升级融合的耦合协调模型

基于高职专业建设子系统与区域产业转型升级子系统的作用机理与关系模型，凸显主体间、模块间的交互协调，如何测度两个子系统的交互融合程度值得各界深入分析，而耦合协调度正是对模块间关联性、协调性的有效测度方法。本章通过设计高职专业建设子系统、区域产业转型升级子系统的评价指标体系，确定各级指标的权重计算方法，并创建耦合度模型、协调度模型和耦合协调度模型来测度这两个子系统的融合水平。

5.1 高职专业建设与区域产业转型升级耦合协调概述

随着《关于深化产教融合若干意见》《国家产教融合建设试点实施方案》《国家职业教育深化改革实施方案》等政策文本的陆续颁布，"产教融合"从职教层面上升到了国家战略层面，产教关系由"简单融入"转向"交互融合"。"专业"作为连接职业教育与现代产业的桥梁、联系人才与职业的纽带，成为畅通教育链、人才链、产业链、创新链的突破口，也是解决人才供给过剩与不足并存难题的切入点。因而，高职专业建设子系统与区域产业转型升级子系统的交互融合值得深究。

"融合（fuse）"一词源自物理学领域，是指熔成或如熔化那样成为一体，凸显主体、模块间的交互协调，而耦合协调度正是对模块间关联性、协调性的测度。当下基于耦合、协调视角解析这两个子系统相互关系的研究已有一定基础，如吴哲（2012）构建了高职专业建设与产业结构发展的耦合概念模型；韦宝畏、冉昊（2017）从各类专业开设学校数、学校占比、专业设置数、专业占比来描述吉林高职专业设置与产业结构的耦合性；沈陆娟（2018）从高职专业布局、招生规模、就业结构与三次产业的相关度和偏离度阐释浙江高职专业结构与产业结构的适配度；陈雯静

(2018）简单描述了长沙高职专业设置与地方产业结构的耦合性；伍百军（2019）从产业结构合理化、产业技术结构、产业空间布局、产业组织、产业链、产业就业吸纳程度设计产业结构指标体系，从专业布局与规模、专业办学规模、专业办学经验、专业硬软件设置、校企合作能力、人才培养质量等方面设计专业建设体系，并面向云浮市开展两者的耦合协调度评价。

然而，现有高职专业与产业耦合协调的研究仍存在一定的局限性。首先，已有高职专业建设与区域产业转型升级耦合协调度的研究聚焦专业结构与产业结构的适配性，对应的耦合协调性分析不够系统；其次，已有研究虽涉及耦合协调度分析，但多采用定性分析或简单描述统计，没有基于耦合协调度的数理方法进行实证分析；最后，已有成果多从数量层面探究两者的协同性，而忽略了质量的适配性。

本研究从协同共演视角将高职专业建设子系统与区域产业转型升级子系统置于统一开放的生态系统中，从规模、结构、质量等三个维度创建这两个子系统的耦合协调度模型，以此评估不同区域内两个子系统的耦合协调度，诊断存在的问题与原因，为加快产业转型升级、人才供需精准衔接、社会经济稳定发展提供理论支撑与数据支持。

5.2 高职专业建设与区域产业转型升级耦合协调体系

5.2.1 高职专业建设与区域产业升级耦合协调机理

"耦合度（coupling）"一词最初起源于物理学领域，是指两个或两个以上系统的交互作用、彼此影响的程度（刘耀彬，等，2005），一般表现为控制关系、调用关系、数据传递关系，系统间交互越强、关联度越高就说明耦合度越强。协调度（coordination）主要用于度量系统或系统内部要素间的和谐程度。耦合协调度则综合了耦合关系与协调关系，反映模块或系统间的协同水平。本研究以"人才"为核心建立"区域经济发展→产业转型升级→人才需求调整→专业调整/新增→专业（群）建设→高技术技能人才供给→区域经济发展"的闭环，目的是全面实现区域内人才供需适配，促进"专业—产业"链的顺畅流动，具体的耦合协调进程如图5-1所示。

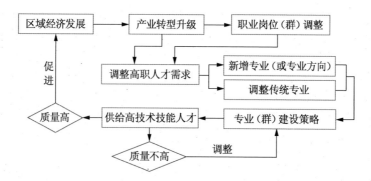

图 5-1 高职专业建设与区域产业转型升级的耦合协调机理

5.2.2 建立高职专业建设与区域产业转型升级子系统的评价指标体系

本研究遵循科学性、系统性、可比性、可操作性等原则，在综合国内外相关研究成果的基础上，从规模、结构、质量等三个维度构建区域产业转型升级子系统和高职专业建设子系统发展水平的评价指标体系。

（1）两个子系统评价指标选择的基本原则

① 科学性原则。在选取高职专业建设评价指标、区域产业转型升级指标时，必须体现理论与实践相结合的原则，在选择评价准则时在理论上要站得住脚，即能客观而全面地反映专业建设、产业转型升级的真实情况；评价指标体系具有严密的逻辑性，能凸显专业建设、产业转型升级的真实水平；评价指标体系还必须具有较好的实践操作性，能够充分体现评价的准确、规范、方便等特点。

② 系统性原则。高职专业建设子系统、区域产业转型升级子系统评价指标体系具有一定的逻辑性，能重点反映出两个子系统各自的规模、结构、质量水平的主要特征与状态，且凸显各级指标之间的内在联系性。每个子系统由多级评价指标体系来评估，各级评价指标既相互独立，又彼此相关，具有层次性，由上到下，由整体到局部，形成一个不可分割的评价指标体系。

③ 可比性原则。由于高职专业建设子系统与区域产业转型升级子系统分属不同领域，要精准测度这两个子系统的耦合协调度水平，就必须考虑不同子系统间的差异化量纲，进而实现两个子系统所获数据的可对比性。本研究围绕规模、结构、质量等三个维度设计两个子系统一一对应的评价指标体系，以便实现数据的可对比性，精准计算两个子系统的耦合协调度水平。

④ 可操作性原则。数据的真实性与可靠性是测度两个子系统耦合协调度的重要前提与保障，这需要大量的统计数据支撑。在选取高职专业建设子系统与区域产业转型升级子系统的评价指标体系时，评价指标必须具有可量化的特点，保证评价指标能较好反映子系统的发展水平，通过计算能获得指标数据，从而保证评价的可操作性与权威性。

（2）区域产业转型升级子系统的评价指标体系（表 5-1）

本研究借鉴徐仙英、张雪玲（2016）的研究成果，将产业转型升级细分为产业规模合理化、产业结构高级化、产业资源配置高效化等三个维度。首先，产业规模合理化表示为区域内三次产业规模的协调性，如三次产业人才的供需对接情况。其次，产业结构高级化运用三次产业结构高级化指标（AIS）（徐秋艳，房胜飞，2019）来测评，首先将三次产业的 GDP 分为三部分，构造三维向量表示一次、二次、三次产业增加值分别占 GDP 的比重（付凌晖，2010），指标值 AIS 越大，说明产业结构水平级别越高；反之，指标值 AIS 越小，则说明产业结构水平级别越低。再次，产业转型升级资源配置高效化使用二次、三次产业比重与泰尔指数 TL 来测度（干春晖，等，2011），其中，泰尔指数主要用于反馈资源在产业间流动、配置的效率，TL 值越大，表示要素资源的投入产出效率越低；反之，TL 值越小，则表示要素资源的投入产出效率越高。

表 5-1　区域产业转型升级子系统的评价指标体系

子系统	一级指标	二级指标
区域产业转型升级子系统	x_1：产业规模合理化	x_{11}：一次产业从业人数占总就业人数的比重（%）
		x_{12}：二次产业从业人数占总就业人数的比重（%）
		x_{13}：三次产业从业人数占总就业人数的比重（%）
	x_2：产业结构高级化	x_{21}：AIS 值
	x_3：资源配置高效化	x_{31}：三次产业与二次产业的产值比（%）
		x_{32}：泰尔指数

为了更清晰地测度区域产业结构转型升级子系统的发展现状，本研究对产业规模合理化、产业结构高级化、产业资源配置高效化这三个一级指标分别做进一步的细化与阐释。

① 产业规模合理化。"产业规模合理化"的概念源于"产业结构合理

化"概念（黄亮雄等，2013；高远东等，2015）。产业规模合理化是指提高经济效益，要求在一定的经济发展背景下根据已有消费需求结构、人口基本素质和资源条件，压缩调整不合理的产业规模，扩大具有发展前景产业的规模，推动生产要素的优化配置，使各产业规模协调发展。

本研究从产业规模与就业规模的适配度维度分析"产业规模合理化"概念，即在保证经济增长的基础上，促进经济可持续发展的过程，表现为第一、第二、第三产业规模的协调发展，具体表现为产业规模与市场需求间的适配性，实现供给侧与需求侧在数量上的精准对接。基于科学性、可采集性、可比较性等原则，本研究将其细分为三次产业人数分别占总就业人数的比重，以获取产业间的人员素质协调、相对地位协调、关联方式协调、供给和需求在数量与结构上的协调。

② 产业结构高级化。产业结构高级化是指由低层次产业向高层次产业的转变过程，主要表现为主导产业逐级向第二产业、第三产业演进，由劳动密集型产业为主向知识、技术、资金等密集型产业为主演进，由附加值较低的产业向附加值较高的产业演进，最终提高产业的综合竞争力水平。国内学者的实证文献一般使用产业结构高级化作为产业结构升级的度量方式，以此反映经济发展重心由第一产业向第二、第三产业转移的过程。

从国内学者的实证文献中发现，产业结构高级化的测度主要包括以下三种方法：第一种方法是静态的直观比较法，即通过研究区域的产业结构比例关系与发达国家的产业结构或"标准"的产业结构做比较所得出的产业高级化水平；第二种方法是动态比较判别法，此方法通过某些可以量化的指标，与另一经济系统的产业结构系统高级化水平进行判别，具体包括距离判别法、相关系数法等；第三种方法是指标判定法，即通过一种或几种可以量化的指标体系判别区域的产业结构高级化水平。本研究借鉴徐秋艳与房胜飞（2019）的研究成果，运用产业结构高级化指标（AIS）来测度。这一指标的计算过程包括以下三个步骤。

第一步，将某地区三次产业的 GDP 值构造成一组三维空间向量 $X_0 = (x_{1,0}, x_{2,0}, x_{3,0})^T$，其中，$x_{1,0}, x_{2,0}, x_{3,0}$ 分别表示第一、第二、第三产业增加值占 GDP 的比重。

第二步，分别计算 X_0 与产业由低层次到高层次排列的向量，$X_1 = (1, 0, 0)$，$X_2 = (0, 1, 0)$，$X_3 = (0, 0, 1)$ 间的夹角 $\theta_1, \theta_2, \theta_3$，这些夹角度数可以运用如下公式（1）计算所得：

$$\theta_j = \arccos\left(\frac{\sum_{i=1}^{3}(x_{i,j} \times x_{i,0})}{(\sum_{i=1}^{3} x_{i,j}^2)^{1/2}} \cdot (\sum_{i=1}^{3} x_{i,0}^2)^{1/2}\right), i,j=1,2,3. \quad (1)$$

第三步，运用公式（2）计算产业结构高级化指标（AIS）。

$$\mathrm{AIS} = \sum_{k=1}^{3}\sum_{j=1}^{k}\theta_j. \quad (2)$$

产业结构高级化指标（AIS）的数值越大，表示产业结构水平越理想；反之，AIS 的数值越小，则表明产业结构水平越低。

③ 产业资源配置高效化。在产业转型升级进程中，一方面须测度产业间的协调程度，另一方面还须凸显要素、资源等的利用效率，以此衡量资源、要素的投入与产出的耦合程度。本研究借用泰尔指数来衡量。

泰尔指数通常也被称为泰尔熵，最早是由 Theil 和 Henri 于 1967 年所提出的，主要用于研究地区收入差距问题。研究发现，泰尔指数其实也能反映出要素资源的投入与产出效益，具体的计算公式表示为：

$$TL_{it} = \sum_{i=1}^{n}(Y_i/Y)\ln\left(\frac{Y_i/L_i}{Y/L}\right), \quad (3)$$

其中，Y 表示产值，L 表示就业，i 表示产业层次，n 表示产业部门。根据古典经济学假设，经济最终将处于均衡状态，各产业部门生产率水平相同。根据公式（3），"Y/L"表示生产率，当经济均衡时，$Y_i/L_i = Y/L$，实现 $E=0$；"Y_i/Y"表示产出结构，"L_i/L"表示就业结构。因此，"TL"也是产出结构和就业结构耦合性的综合反映。

(3) 高职专业建设子系统的评价指标体系

有关教育评价的研究已有一定基础，如曲建忠（2013）、张立新（2015）提出用学校在校生人数、毕业生人数、专任教师配置、学校数量、教育经费等八项指标评价高等教育质量；张亚飞（2018）建立普通高等院校毕业生人数、每万人高等院校平均在校生人数、高等院校生师比、教育固定资产投资、教育经费等五项指标评价高等教育系统水平；陈重桦与宋建军（2018）提出用招生人数、在校生人数、毕业生人数、毕业生获得资格证书、专任教师数等评价专业结构的合理性。本研究对应于区域产业转型升级子系统的规模、结构、质量等三个维度构建高职专业建设子系统的评价指标体系（表 5-2），将专业规模细分为招生规模、就业规模，专业结构合理化细分为专业结构、专业投入、师资结构，专业建设质量反映在人才培养质量上,本研究将其细分为毕业生就业率、毕业生就业专业对口率、行业或企业对毕业生的满意度。

表 5-2 高职专业建设子系统的评价指标体系

系统	一级指标	二级指标	三级指标
高职专业建设子系统	y_1:专业规模数量	y_{11}:招生规模	y_{111}:第一产业招生数量占总招生人数的比重(%)
			y_{112}:第二产业招生数量占总招生人数的比重(%)
			y_{113}:第三产业招生数量占总招生人数的比重(%)
		y_{12}:就业规模	y_{121}:第一产业毕业生数量占总毕业人数的比重(%)
			y_{122}:第二产业毕业生数量占总毕业人数的比重(%)
			y_{123}:第三产业毕业生数量占总毕业人数的比重(%)
	y_2:专业结构合理化	y_{21}:专业结构	y_{211}:第一产业对应专业设置数量
			y_{212}:第二产业对应专业设置数量
			y_{213}:第三产业对应专业设置数量
		y_{22}:专业投入	y_{221}:第一产业对应专业投入比重(%)
			y_{222}:第二产业对应专业投入比重(%)
			y_{223}:第三产业对应专业投入比重(%)
		y_{23}:师资结构	y_{231}:院校的生师比(%)
			y_{232}:院校"双师型"教师比重(%)
			y_{233}:兼职教师所占比重(%)
	y_3:专业建设质量	y_{31}:人才培养质量	y_{311}:毕业生就业率(%)
			y_{312}:毕业生就业专业对口率(%)
			y_{313}:行业或企业对毕业生的满意度(%)

为了更清晰地测度高职专业建设子系统的发展现状,本研究对该系统涉及的专业规模数量、专业结构合理化、专业建设质量水平等三个一级指

标分别做进一步的细化与阐释。

① 专业规模数量。专业规模数量维度主要包括各专业的招生规模和就业规模这两个二级指标，其中招生规模可以进一步细分为第一产业、第二产业、第三产业招生人数占总招生数量的比重；就业规模则可进一步细分为第一产业、第二产业、第三产业所对应的毕业生数量占总毕业生人数的比重。

② 专业结构合理化。高职教育的专业设置是高职教育的基础，但同时又是最根本的建设工程。设置合理的专业结构，不仅是保证高职教育有良好经济效益和社会效益的重要前提，而且有利于充分开发不同区域、部门、院校的人力、财力和物力的投入产出条件（张晓明，1991）。本研究对专业结构合理化的评价具体包括以下几个方面。

第一，专业结构与人才结构的适应性。专业结构是以具体的社会分工为前提的，又与相应的职业岗位相适应，将社会的职业分类转化为专业分类的具体形式。因此，必须做好人才结构的调研研究，分析社会经济部门人才结构的现状与趋势。

第二，专业结构必须与学校制度、办学模式、人才培养规格、课程设置、教学计划、教材建设、师资队伍、实训基地、设施设备等要素彼此协调。其中，师资队伍是实现人才培养规格的组织者与承担者，对提高专业结构的合理化有十分重要的作用。

第三，专业横向结构间的比例关系体现出搭配的适当性。在专业结构系统中各专业部门虽然相互独立，但又存在着直接或间接的内在关联，这种交互联系、相互作用、相互制约、相互依赖构成了一个有机的专业结构体系，这种内在联系决定了各专业门类之间须保持适当的比例关系。本研究将通过第一产业专业门类、第二产业专业门类、第三产业专业门类之间的比例关系来体现其搭配的适当性。

第四，专业结构的自我调节性与区域经济发展需求和谐共振。某专业在设立之后，必须经过一定的教育周期才能为地方经济建设输送合格的专门人才，而区域产业结构又无时无刻不在调整变化中，这又会带来专业结构与区域产业结构之间的不适配。因此，高职院校的专业结构应特别注重与地方经济发展之间的和谐与协调，以求得自身结构的合理化。

基于高职专业建设的评价标准，本研究将高职专业结构合理化细分为专业结构、专业投入、师资结构等三个维度。其中专业结构的评价指标就以第一产业、第二产业、第三产业分别开设的专业建设情况来评估；专业投入的评价指标则以第一产业、第二产业、第三产业对应专业的投入金额比重来衡量;师资结构主要以院校的生师比、院校"双师型"教师比重、兼职教师占比作为关键指标来衡量。

③ 专业建设质量。在专业建设过程中,需要通过专业建设质量评价来检测各专业的生源情况、学生的就业前景,以及人才市场的需求、人才培养方案及学校的资源配套情况等,只有综合质量分析结果相对乐观,才能表示该专业具有较好的发展前景。因而,本研究对高职专业质量的评价直接通过学生质量来反映,具体包括毕业生的就业率、毕业生就业专业对口率及行业或企业对毕业生的满意度,其中,前两个指标可以从各高职院校调研中获取,而行业或企业对毕业生的满意度则从行业或企业对毕业生的满意度调研问卷中获取。

(4) 两个子系统各级评价指标权重计算

在设计了高职专业建设子系统与区域产业转型升级子系统的评价准则体系后,还须确定各级准则的权重。从已有研究成果来看,权重的计算方法一般包括主观权重法与客观权重法。主观权重主要来自专家和决策者对各级准则重要性的主观判断,如 AHP、Delphi 法等;客观权重一般由客观数据来决定,如熵权法。为了避免主观因素引起的评价误差,本研究采用被广泛应用的 Shannon 的熵权法(1948)来确定各级准则的权重,即先采用公式 $e_j = -K \sum_{i=1}^{m} r_{ij} \ln r_{ij}$ 计算熵,以此表示信息的确定性水平,其中,i 表示年份,j 为评价准则,$j=1, 2, \cdots, n$,$K=1/\ln m$,r_{ij} 表示第 i 年度第 j 个准则的评估结果。由于高职专业建设子系统与区域产业转型升级子系统分属不同系统,且拥有不同量纲,即表 5-1 与表 5-2 中的数据无法直接比较,因此须对原始数据做标准化处理。本研究针对效益准则,运用公式 $r_{ij} = \dfrac{a_{ij}}{\sum_{i=1}^{m} a_{ij}}$ 做简单线性标准化处理,针对成本准则,运用公式 $r_{ij} = \dfrac{1/a_{ij}}{\sum_{i=1}^{m} 1/a_{ij}}$ 做标准化处理,其中,a_{ij} 为第 i 年度第 j 个准则主观判断的原始数值,$r_{ij} \in [0, 1]$。最后,使用公式 $w_j = \dfrac{1-e_j}{\sum_{j=1}^{n} 1-e_j}$ 来计算各级评价指标的权重值。

5.3 高职专业建设与区域产业转型升级耦合协调度模型构建

5.3.1 构建耦合度模型

基于耦合性原理，为高职专业建设子系统与区域产业转型升级子系统建立耦合度模型，以此动态反映两个子系统间的交互作用程度。首先，根据表 5-1 与表 5-2 的评价指标，x_1、x_2、x_3 分别表示区域产业转型升级子系统的三个一级指标，y_1、y_2、y_3 分别表示高职专业建设子系统的三个一级指标，并用函数 $f(x)$ 与 $g(y)$ 分别表示这两个子系统的综合水平。

$$f(x) = \sum_{i=1}^{m} \sum_{j=1}^{3} w_j r_{xij}, \quad (4)$$

$$g(y) = \sum_{i=1}^{m} \sum_{j=1}^{3} w'_j r_{yij}, \quad (5)$$

其中，w_j，w'_j 分别表示两个子系统一级评价准则的权重；r_{xij}，r_{yij} 则表示各子系统标准化后的数值，$f(x)$，$g(y) \in [0,1]$。同时，根据如下规则来比较这两个子系统的同步性水平。

(i) 若 $f(x) > g(y)$，表明高职专业建设水平优先于区域产业转型升级水平；

(ii) 若 $f(x) < g(y)$，表明高职专业建设水平滞后于区域产业转型升级水平；

(iii) 若 $f(x) = g(y)$，表明高职专业建设水平与区域产业转型升级水平相对等。

随后，构建高职专业建设子系统与区域产业转型升级子系统的耦合度模型：

$$C = \sqrt{\frac{f(x) \times g(y)}{\left(\frac{f(x)+g(y)}{2}\right)^2}} = \frac{2}{f(x)+g(y)} \cdot \sqrt{f(x)+g(y)}, \quad (6)$$

其中，C 为耦合度指数，$C \in [0, 1]$，耦合度指数 C 的数值越大，表示系统间的协同性越明显，耦合度越好；若 $C=0$，说明两个子系统无耦合度，系统间处于无关联状态，并趋无序发展；若 $C=1$，说明耦合度最大，两个子系统达到和谐共振，系统将趋向新的结构有序发展。

5.3.2 建立协调度模型

协调度主要用于衡量不同模块、要素或系统间的协调程度。高职专业建设与区域产业转型升级的协调模型如下所示：
$$T=\lambda f(x)+(1-\lambda)g(y), \tag{7}$$
其中，λ 为各子系统的重要程度，$\lambda \in [0,1]$。在深化产教融合进程中，高职专业建设与区域产业转型升级这两项工作被认为重要性相当，则将 λ 设置为 0.5。

5.3.3 架构耦合协调度模型

耦合协调度模型综合了耦合模型与协调度模型，这一指数不仅反映出两个子系统之间的协同效应，还能反映出两个子系统间的协调发展程度，比单独采用耦合度分析或协调度分析更具解释力，且被论证为科学有效的评价方法。本研究所构架的高职专业建设子系统与区域产业转型升级子系统的耦合协调度模型为：
$$D=\sqrt{C \times T}, \tag{8}$$
其中，C 为两个子系统的耦合度指数，T 为两个子系统的协调度指数，D 为耦合协调度指数，且将耦合协调度指数的阈值作为评定系统间耦合协调水平等级的标准。本研究以学术界目前的主流分段法——均匀分布函数来判定两个子系统的耦合协调度等级（表5-3）。

表 5-3 区域产业转型升级子系统与高职专业建设子系统的耦合协调度等级和类型

耦合协调度阈值	[0.0—0.1)	[0.1—0.2)	[0.2—0.3)	[0.3—0.4)	[0.4—0.5)
对应等级	极度失调	严重失调	中度失调	轻度失调	濒临失调
耦合协调度阈值	[0.5—0.6)	[0.6—0.7)	[0.7—0.8)	[0.8—0.9)	[0.9—01.0]
对应等级	勉强协调	初级协调	中级协调	良好协调	优质协调

5.4 本章小结

本章从协同共演视角将高职专业建设子系统与区域产业转型升级子系统置于统一开放的生态系统中，从规模、结构、质量等三个维度建构两个子系统的耦合度模型、协调度模型、耦合协调度模型，以此评估两个子系统的交互融合程度，诊断两者融合中存在的问题与原因，为加快区域产业转型升级、人才供需精准衔接、社会经济稳定发展奠定科学的方法论基础。

6 丝绸之路经济带核心区高职专业建设与产业转型升级融合的实证分析

本章以丝绸之路经济带核心区新疆作为调研对象开展实证分析，新疆产业转型升级子系统的综合评分数据从其行政区划、在"一带一路"倡议中的战略地位、重点产业等方面开展系统调研；新疆高职专业建设子系统的综合评分数据则从各州市高职院校开办情况、重点专业设置情况、产教融合项目建设等方面开展系统调研。基于此，本研究运用第五章所架构的高职专业建设与区域产业转型升级耦合协调度模型，具体分析这两个子系统的耦合协调度水平，总结两者融合的现状，诊断存在的问题与原因，为后续丝绸之路经济带核心区两者融合互动的发展定位、对策举措制定奠定可靠的数据基础。

6.1 丝绸之路经济带核心区产业转型升级现状

新疆处于丝绸之路经济带核心区，自古以来就是我国各民族交流、交往、交融频繁活跃的地区，对促进各民族交互融合有举足轻重的作用，对实现社会稳定、国家长治久安具有重要意义。丝绸之路经济带核心区新疆，向东连接亚太经济圈，向西进入发达的欧洲经济圈，被称为"世界上最长，且最具发展潜力的经济走廊"。

6.1.1 丝绸之路经济带核心区的区位分布

新疆地域辽阔，地形有特色，一般按天山一线划分，天山以南为南疆，天山以北为北疆。其中，乌鲁木齐、克拉玛依、哈密市、昌吉回族自治州、伊犁哈萨克自治州、塔城地区、阿勒泰地区、博尔塔拉蒙古自治州属于北疆；巴音郭楞蒙古自治州、阿克苏地区、克孜勒苏柯尔克孜自治州、喀什地区、和田地区则属于南疆；而哈密、吐鲁番位于新疆东部，也被称为东疆城市，新疆具体的行政区划如图6-1所示。

图 6-1　丝绸之路经济带核心区新疆的行政区划

在国家"一带一路"倡议下，须推动沿线各国实现经济政策协调，使经济要素有序自由流动，实现资源配置高效化。国家发改委于 2015 年 3 月印发的《推动共建丝绸之路经济带和 21 世纪海上丝绸之路的愿景与行动》指出，须推动"一带一路"建设，发挥国内外各地区的比较优势，对新疆的战略定位是：发挥新疆独特的区位优势和向西开放的视窗价值，打造丝绸之路经济带核心区，形成经济带上重要的交通枢纽、商贸物流和文化科教中心。具体情况如图 6-2 所示。

《推动共建丝绸之路经济带和 21 世纪海上丝绸之路的愿景与行动》描述新疆为"一带一路"沿线国家交往的通道，能与周边国家直接互联互通，也是资源与生产要素交流的门户。其重点合作方向是中国经中亚、俄罗斯至欧洲（波罗的海）或者中国经中亚、西亚至波斯湾、地中海。由图 6-2 可知，中亚地区在丝绸之路经济带的发展中处于重要位置，而新疆则是联系中亚的关键枢纽。另外，其与俄罗斯、哈萨克斯坦、吉尔吉斯斯坦、塔吉克斯坦、蒙古等多个国家接壤，陆地边境线长达 5600 多千米，是中国毗邻国家最多的省区。

世界地图

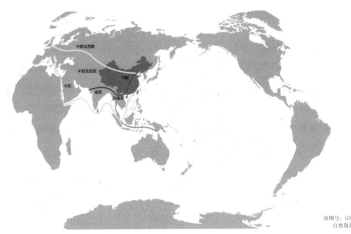

审图号：GS(2016)1562号
自然资源部 监制

图 6-2 丝绸之路经济带核心区新疆的战略地位

新疆在配合国家"一带一路"倡议中已经全面部署建设，总方向朝着"五个中心""三大通道"来发展。其中，"五大中心"分别指交通枢纽中心、商贸物流中心、金融中心、文化科教中心与医疗服务中心。而"三大通道"则是考虑到新疆作为中国内地与中亚地区的交通运输和物流通道有其地理上的优势，构建北、中、南三条跨越新疆的交通通道，其中，北通道源于"环渤海"地区，自京津唐经山西、内蒙古，进入新疆后，经伊吾、布尔津等地西出哈萨克斯坦至俄罗斯；中通道起于"长三角"地区，沿第二座欧亚大陆桥横穿中原地区，进入新疆后经哈密、吐鲁番、乌鲁木齐，随后分别从阿拉山和霍尔果斯出境经过中亚至欧洲；南通道始于"珠三角"，经湖南、重庆、四川、青海，进入新疆后，经若羌、和田、喀什，通往塔吉克斯坦，然后南下至印度洋沿岸。这三条跨越新疆的交通通道具体如图 6-3 所示。

图 6-3　三条跨越新疆的交通通道

6.1.2　丝绸之路经济带核心区各州市的重点产业

根据 2019 年新疆政府工作报告可知，新疆 2018 年 GDP 增长 6%，经济保持正常运行，其中，粮食、棉花、特色林果业等第一产业朝着优质化方向发展；规模以上工业企业利润增长 10%，战略性新兴产业增长 13.2%，高新技术制造业增加值增长 33%，旅游业增长 40% 以上，第三产业对区域经济增长的贡献率达到 66.1%，成为助推经济增长的重要力量。而新疆各行政区根据自身的发展特色与优势，在经济转型升级背景下紧抓重点发展产业，推进各地区产业、经济与社会的协调发展。

（1）乌鲁木齐市

乌鲁木齐作为新疆维吾尔自治区的省会城市，结合丝绸之路经济带核心区建设契机，围绕《关于加快乌鲁木齐市工业重点产业集群发展的意见》，推进化工、先进装备、新材料、新能源、信息、轻工业、金属制品、纺织服装等八大产业集群及产业集聚区建设。到 2020 年，八大产业集群产值将突破 5000 亿元，其中，化工产业、先进装备制造业、硅铝基电子材料、高分子膜材料产业产值达到千亿规模，新能源产业产值达到 250 亿元、信息产业产值达到千亿规模、轻工产业产值达到 650 亿元、金属制品产值达到 350 亿元，纺织服装产值达到百亿规模。

（2）克拉玛依市

在"十三五"期间，克拉玛依市抢抓国家"一带一路"倡议、中巴经济走廊建设等战略机遇，通过加快推进克拉玛依市石油中心建设，打造世界石油城的建设，持续推进"632"发展战略，优化产业结构，即以能源资源开发和金融、信息、旅游产业为重点，做大做强石油石化核心产业，扩大开放力度，加快外向型经济发展，进一步开拓周边国家市场，形成具有国际竞争力的上下游关联产业；突出发展金融、信息、旅游等三大产业，加快培育战略性新兴产业，促进产业多元化布局，构建优势突出、特色明显、产业多元、绿色环保的现代产业体系。

（3）昌吉回族自治州

昌吉回族自治州（简称"昌吉州"）加快建构优势互补、互联互通、协同发展的经济格局。在向东协同进程中，推进与乌鲁木齐市和新疆生产建设兵团第十二师，东三县与吐鲁番市、哈密市紧密衔接，共同打造乌鲁木齐、吐鲁番、昌吉联动的大旅游发展格局；在向西融合发展进程中，高标准编制石玛融合发展规划，力争在玛河生态城、休闲宜居区、物流集散区、新业态试验区"一城三区"建设上突破；在向北联动发展中，依托阿福准铁路建设和 G216 公路改造提升工程，推动准东开发区与阿勒泰地区物流业的快速发展，促进区域联动发展。与此同时，昌吉州主动融入核心区"五大中心"和乌鲁木齐国际陆路港、航空枢纽建设，建设一批现代物流园区，培育壮大一批与乌鲁木齐错位发展的专业市场。

昌吉州围绕总体发展目标，坚持新发展理念，加大稳增长、调结构、促转型的力度，推进三次产业的转型发展，并结合三次产业发展的现实情况，助力三次产业的转型升级。针对第一产业，昌吉州调整农业产业结构，推进五大产业联盟实体化、规范化发展，培育新型农业经营主体，实施农业科技创新工程，加快一个县市一个自治区农业科技园区"多园"布局；第二产业抓重点，加快发展智能制造，改造升级煤电煤化工、有色金属加工、农副产品精深加工等传统产业，助力发展先进装备制造、新能源、新材料、节能环保等战略性新兴产业；针对第三产业，大力发展交通物流业，推进乌准铁路电气化双线改造，争取开通客运班列，促进昌吉火车与乌鲁木齐西站功能组合，推动快递物流与电子商务协同发展，建立准东快速服务中心，吸引新疆内外知名快递、物流企业落户新疆快递产业园，打造向西开放的综合物流集聚区，加快发展信息产业，集中建设新疆信息产业园，推动准东数据产业集群化发展，支持新疆交通物流信息平台发展"互联网＋高效物流＋金融产业"，培育壮大康养产业，打响昌吉康养圣地品牌。

（4）伊犁哈萨克自治州

伊犁哈萨克自治州（简称"伊犁州"）聚焦总目标，坚持稳中求进，贯彻新发展理念，推进供给侧改革，以"一带一路"倡议为抓手，推进经济又好又快发展。强调"一产上水平"，打响伊犁绿色有机农产品招牌，智慧农业建设；"二产抓重点"，做大纺织服装等劳动密集型产业，加快农副产品加工、建材、有色金属加工等产业技术改进并迈向中高端，推进煤电煤化工等能源产业，大力发展生物医药、电子信息、节能环保、机械加工制造、新能源、新材料等战略性新兴产业；"三产大发展"，重点发展旅游业、电子商务、商贸物流业等。

（5）巴音郭楞蒙古自治州

巴音郭楞蒙古自治州（简称"巴音州"）位于新疆维吾尔自治区东南部，古代丝绸之路南中两道均通过巴音州，旅游资源独具特色，如天山、昆仑山、大漠、大湖、大草原、大戈壁等自然景观和众多的历史遗迹与人文景观。巴音州聚焦总体发展目标，经济发展迈向高质量方向，在产业发展中，围绕"三项重点"工作，主推"三大工程"，深入实施传统产业提升、新兴产业提速、现代服务业提档，加大巴音州调结构、转方式的力度，促进经济持续平稳健康发展。另外，发挥巴音州在丝绸之路经济带核心区中的战略要地作用，推动中巴经济走廊综合承载区的建设，做大做优旅游产业，构建独具特色的现代产业体系。

（6）阿克苏地区

阿克苏地区是丝绸之路上的龟兹故地，被称为"古丝绸之路上的重要驿站"。阿克苏地处丝绸之路经济带核心区的中间位置，是北疆进入南疆的门户与枢纽之一，还是中国向西开放的国际贸易经济走廊和丝绸之路经济带的重要节点。阿克苏地区充分利用这一地缘优势，坚持优势资源转换和集群集聚发展战略，加快产业转型升级、产业链延伸，加大技术改造力度，推动阿克苏地区做大总量、提高产品品质、提升效率，坚持优势产业优先发展，加快推动能源化工、纺织服装、食品轻工、建材冶金、战略新兴产业和商贸物流产业集群的形成，并大力发展外向型经济。

（7）和田地区

契合丝绸之路经济带核心区的战略规划，和田地区重点打造旅游文化名城、农副产品加工基地、重要交通节点城市、玉石生产加工基地。因而，和田地区坚持优势优先、发展特色产业，重点抓好如下六大产业：① 发展纺织服装产业，依托国家与自治区制定的特殊扶持政策帮助和田地区解决纺织服装市场的开拓和劳动力就业问题；② 打造民族特色产业，根据民族地区的独特技艺，重点开拓地毯编织、艾德莱丝绸、维吾尔医药、民族特色服饰、民族手工艺品制作、特色清真食品等产业，并进一步做精做优；③ 推进矿产开发业，进一步加强对和田基础地质和矿产勘探的力度；④ 开拓玉产业和特色旅游产业，通过制定交易规范保证玉石开发与交易秩序，提高玉石加工水平，建立和田玉交易所；⑤ 促进建筑业的转型升级，吸纳本土劳动力就业，促使农民就业增收；⑥ 大力发展物流快递业，支持和田电子商务进村，打造电商产业园、物流中心和乡村两级电商服务站点，实现和田地区的快递业务由县城向乡村延伸。

(8) 哈密市

哈密市作为新疆的东大门、古代丝绸之路"咽喉要道"和重要门户，在共建丝绸之路经济带核心区中发挥着重要作用。哈密东与甘肃的酒泉市毗邻，南与巴音州相连，西接吐鲁番，与昌吉州相邻，北与蒙古国接壤。哈密市自古以来就是东西方文化、西域与中原文化的荟萃地，它不仅是新疆向内地开放的门户，也是"一带一路"倡议下我国向西开放的主要陆路通道（孟秀玲，等，2015）。

哈密市秉承"自治区副中心城市、一级交通枢纽、新型工业化的主战场和重要的增长极"的发展思路，大力实施优势资源转换提升和新型产业培育发展战略，提升已形成的装备制造业、煤电、煤化工、风光电、黑色有色金属深加工、石油化工的竞争力，加快新兴综合能源、先进装备制造、新材料加工、东联西出的交通运输与现代物流业发展，并发挥延伸、辐射效应，加速传统产业现代化、新兴产业规模化、产业发展集群化，加快构建具有鲜明特色的核心竞争力的现代产业体系。

(9) 吐鲁番市

依托吐鲁番市独特的区位优势和交通优势，以商贸物流业发展为抓手，以大通道建设为重点，充分发挥丝绸之路经济带的关键节点作用，推进丝绸之路经济带核心区建设，并形成发展新格局。吐鲁番市明确供给侧改革方向，继续推进钢铁、煤炭等行业的供给侧改革，有效缓解产能过剩问题；在国有企业改革中，促进国有资本向旅游、农副产品加工、商贸物流等行业领域，以及火洲果业等优势产业集中。

吐鲁番大力发展实体经济，加大调结构、转方式力度，培育壮大优势与特色产业，不断扩大实体经济规模，为高质量发展提供支撑。其中，大力发展农产品加工业，围绕吐鲁番特色农产品培育和引进一批农副产品深加工龙头企业，延伸产业链，提高附加值，提升吐鲁番特色农产品的竞争优势；推进装备制造、节能环保、新能源、新材料等战略性新兴产业发展，围绕新疆"硅基新材料"产业基地的整体布局，打造硅基新材料产业基地，推进新型建材业的发展；利用吐鲁番独特的光热资源，积极发展汽车全功能检测、太阳能发电、太阳能供热、烘干制干等产业，带动吐鲁番的"热经济"。

此外，用足用好国家支持新疆纺织产业发展的优惠政策，加快发展纺织服装等劳动密集型产业，加速推进食品加工业、民族手工业、旅游品加工业的发展。在现代服务业发展中，进一步加强物流枢纽设施和城乡网络基础设施建设，畅通运输网络，以重点商贸物流企业为依托推进区域内商贸物流业的整体发展；加快电子商务发展，开拓"电商＋旅游"模式，推进线上线下一体化服务；推进"互联网＋"三次产业的交互融合，探索共享经济等新模式，健康养老、休闲娱乐等新消费。

6.1.3 丝绸之路经济带核心区产业转型升级现状

在对丝绸之路经济带核心区产业发展，尤其是各行政区划范围内三次产业中重点发展产业的分析中了解到，核心区各州市整体经济水平逐年上升，2018年核心区全年地区生产总值增长幅度达到6%，经济保持平稳运行发展。纵观基于"一带一路"倡议背景下核心区各州市重点产业发展现状，其仍然存在产业结构整体偏重，产业链条偏短，经济增长方式较为粗放，新旧动能转化速度缓慢、动力不足，实体经济发展面临诸多困境，经济转型任务艰巨等难题。

面对这些问题，新疆聚焦总目标，大力推进产业的转型升级，尤其是针对重要领域、重点产业、关键环节，围绕"三去一降一补"等推进煤炭、电力、石油、化工等传统重工产业存量调整、增量优化，遵循"一产上水平、二产抓重点、三产大发展"的总体思路，以供给侧改革为主线，深入推进第一、第二、第三产业的交互性，培育壮大特色优势产业，打造一批对核心区经济发展具有带动作用和影响力的增长极，一批具有典型示范效应的专精特新"小巨人"企业，加快建立符合高质量发展要求、具有核心区特色的现代产业体系，不断壮大核心区的综合经济实力。

（1）"一产"大发展：大力发展农副产品加工业

首先，加大力度培育农业产业化龙头企业，依托自治区政府制定的财政、金融扶持政策鼓励支持一批地方国有企业和有实力的民营企业投资农产品的生产、储存、运输、加工、营销等,建设一批具有较大规模、完善设施设备和特色鲜明的农产品生产基地,提升农产品的精深加工水平。其次,有序提升农产品品牌策略,积极探索"龙头企业+合作社+农户"模式,着力推进电子商务、物流配送、冷链运输等新业态,推动农业全产业链有序发展。

(2)"二产"抓重点:大力推进工业转型升级

针对核心区产业偏重的难题,须加快推进传统工业中重大技术的改造升级,工艺流程的优化改进,实现区域产业的提质增效。首先,推进乌鲁木齐市、昌吉州、克拉玛依市、哈密市等核心区内的7个制造业基地的建设,发挥新能源装备、输变电装备、特色农牧机械等优势产业的辐射效应,打造一批先进制造产业集群。其次,大力发展新能源、新技术、新材料、人工智能、节能环保、生物医药等战略性新兴产业,加速形成产业优势与集群优势。再次,推进培育核心区的工业龙头企业,重点扶持一批有实力、上规模、成长性好、带动力强的民营企业,鼓励各类民营企业优化重组,加速产业集群的形成与集群效应的发挥。最后,在国家对新疆纺织服装业的扶持优惠政策支撑下,推进南疆四地州纺织服装、鞋帽、玩具、假发等劳动密集型产业,并推进民族手工业、旅游品加工业的有序发展。

(3)"三产"大发展:大力发展现代服务业

现代服务业是核心区当下产业升级的重点方向,具体表现在以下几个方面。首先,依托乌鲁木齐国际陆港区、临空经济区、跨境电子商务综合试验区,进一步推进通关一体化、提高贸易便利化水平;主动参与中巴、中蒙俄经济走廊建设,推进进出口资源加工企业、特色产业、边境(跨境)旅游、边民互市贸易、电子商务等外向型经济,实现"通道经济"向"产业经济""口岸经济"的转型;积极推进中哈霍尔果斯国际边境合作中心跨境人民币创新业务试点;推进核心区物流枢纽设施建设、城乡网络体系建设,推进商贸物流业的发展。其次,推进"互联网+"三次产业的融合发展,即依托互联网、移动互联网、大数据、云计算、物联网等现代信息技术促进智慧医疗、休闲娱乐、文化旅游等产业的发展,提高现代服务业对核心区经济增长的贡献率。再次,大力推进"旅游+"战略,推动核心区全域旅游发展,使旅游与农业、林业、文化、体育有机融合;集中力量打造核心区旅游知名品牌,凸显其独特的自然生态、民俗风情、历史文化、户外运动、康养服务、边境旅游等;加大对核心区老字号土特产、手工艺品、特色文化商品的开发,提升核心区旅游产品的品牌知名度与影响力。

6.2 丝绸之路经济带核心区高职专业建设现状

2019年新疆政府工作报告明确指出，要提升教育教学服务质量，着力发展职业教育，使初高中未就业的毕业生职业技术培训参与全覆盖。目前丝绸之路经济带核心区新疆的高职教育质量逐年提升，核心区内高职院校的区位分布与专业设置情况如下文所述。

6.2.1 丝绸之路经济带核心区各州市高职院校分布

丝绸之路经济带核心区新疆拥有高职院校28所，其中，北疆地区高职院校22所，南疆地区高职院校4所，其余2所高职院校在东疆；公办高职院校25所，占比89.29%，民办高职院校3所，占比10.71%；在院校类型视角下，理工类院校数量最多，有16所，占比57.14%，综合性院校4所，医药类院校2所，师范类2所，农业、农林类2所。在28所高职院校中，核心区拥有国家示范高职院校5所（乌鲁木齐职业大学、新疆轻工业职业技术学院、新疆农业职业技术学院、克拉玛依职业技术学院、新疆石河子职业技术学院），自治区示范高职院校4所；在具体的产教融合实践探索中，已获得教育部现代学徒试点单位的院校有9所，分别为新疆职业大学、乌鲁木齐职业大学、新疆交通职业技术学院、新疆农业职业技术学院、昌吉职业技术学院、克拉玛依职业技术学院、伊犁职业技术学院、新疆石河子职业技术学院、巴音郭楞职业技术学院。由此说明核心区内的高职院校已经较好地与合作企业探索产教融合模式、路径与对策。丝绸之路经济带核心区内的高职院校区位分布与院校基本情况如表6-1所示。

表6-1 新疆高职院校区位分布及基本性质汇总

地区	高职院校名称	创建时间/年	院校性质	院校层次	院校属性
乌鲁木齐市（北疆）	1. 新疆职业大学	1962	公办综合性	新疆维吾尔自治区	全国首批高职教育试点院校、自治区示范性高职院校、教育部首批现代学徒制试点单位
	2. 乌鲁木齐职业大学	1985	公办综合性	新疆维吾尔自治区教育厅	全国优秀高职院校（自治区第一所）、教育部第二批学徒制试点单位

续表

地区	高职院校名称	创建时间/年	院校性质	院校层次	院校属性
乌鲁木齐市（北疆）	3.新疆轻工业职业技术学院	1958	公办理工类	新疆维吾尔自治区	国家重点培育高职院校（教育部、财政部）、国家首批现代学徒制试点单位
	4.新疆交通职业技术学院	1953	公办理工类	新疆维吾尔自治区	自治区示范高职院校；教育部第二批现代学徒制试点单位
	5.新疆机电职业技术学院	1957	公办理工类	新疆维吾尔自治区教育厅	全国职业教育先进单位
	6.新疆能源职业技术学院	2005	公办理工类	新疆维吾尔自治区教育厅	
	7.新疆建设职业技术学院	2002	公办理工类	新疆维吾尔自治区教育厅	
	8.新疆现代职业技术学院	1995	民办医药类	新疆维吾尔自治区教育厅	
	9.新疆天山职业技术学院	1993	民办理工类	新疆维吾尔自治区教育厅	自治区职业教育先进单位
	10.新疆体育职业技术学院	2011	公办体育类	中华人民共和国教育部	
	11.新疆铁道职业技术学院	2013	公办理工类	新疆维吾尔自治区人社厅	
	12.新疆生产建设兵团兴新职业技术学院	1980	公办综合性	新疆生产建设兵团	
	13.新疆工业职业技术学院	1958	公办工科类	新疆维吾尔自治区教育厅	首批国家中职教改示范学校
	14.新疆师范高等专科学校（新疆教育学院）	1906	公办师范类	新疆维吾尔自治区	

续表

地区	高职院校名称	创建时间/年	院校性质	院校层次	院校属性
昌吉州（北疆）	15. 新疆农业职业技术学院	1958	公办农林类	新疆维吾尔自治区	国家示范高等职业院校、教育部第二批现代学徒制试点单位
	16. 昌吉职业技术学院	1982	公办理工类	新疆维吾尔自治区教育厅	新疆首批"示范性高职院校"、教育部第二批现代学徒制试点单位
克拉玛依市（北疆）	17. 克拉玛依职业技术学院	1956	公办理工类	新疆维吾尔自治区	国家示范性高职院校、教育部第二批现代学徒制试点单位
伊犁州（北疆）	18. 伊犁职业技术学院	2002	公办农业类	新疆维吾尔自治区教育厅	教育部第二批学徒制试点单位
	19. 新疆应用职业技术学院	2012	公办理工类	新疆维吾尔自治区教育厅	
阿勒泰地区（北疆）	20. 新疆石河子职业技术学院	2004	公办理工类	新疆生产建设兵团	国家示范性高等职业院校、国家首批现代学徒试点单位
五家渠市（北疆）	21. 新疆兵团警官高等专科学校	2003	公办政法类	新疆生产建设兵团	
	22. 新疆科技职业技术学院	1993	民办理工类	新疆维吾尔自治区教育厅	
哈密市（东疆）	23. 哈密职业技术学院	2014	公办理工类	新疆维吾尔自治区教育厅	
吐鲁番市（东疆）	24. 吐鲁番职业技术学院	2016	公办理工类	新疆维吾尔自治区教育厅	
巴音州（南疆）	25. 巴音郭楞职业技术学院	2002	公办理工类	新疆维吾尔自治区	教育部第二批现代学徒制试点单位

续表

地区	高职院校名称	创建时间/年	院校性质	院校层次	院校属性
阿克苏地区（南疆）	26. 阿克苏职业技术学院	2002	公办综合性	新疆维吾尔自治区教育厅	新疆"示范性高职院校"、教育部第三批现代学徒制试点专业（3个）
和田地区（南疆）	27. 新疆维吾尔医学专科学校	1989	公办医药类	新疆维吾尔自治区教育厅	
和田地区（南疆）	28. 和田师范专科学校	1937	公办师范类	新疆维吾尔自治区教育厅	

6.2.2 丝绸之路核心区各高职院校重点建设专业

从现有丝绸之路经济带核心区新疆高职院校的专业设置来看（表6-2），目前仍以理工类的高职院校为主，每所高职院校结合当地的产业经济发展情况设置了相应的专业，并结合产业转型升级情况展开专业建设，如开展现代学徒制试点、建立产教联盟、订单班等。其中，新疆的各所高职院校所设置的重点专业是对区域产业经济发展的反映，也是推进专业与产业发展融合互动的体现。因而，本研究重点梳理各高职院校所开设的重点专业，为后续高职专业建设与核心区产业转型升级交互融合的实证分析奠定基础。

表6-2 新疆高职院校院系设置、专业设置及重点专业建设情况

地区	院校名称	开设学院/系部	专业数量	重点专业
乌鲁木齐市（北疆）	1. 新疆职业大学	商学院、传媒与设计学院、中国语言学院、外国语言学院、机械电子工程学院、信息技术学院等11个教学单位	52	老年服务与管理、物流管理（央财支持提升服务产业发展能力建设专业）、宝玉石鉴定与加工、烹饪工艺与营销等（自治区特色专业）
乌鲁木齐市（北疆）	2. 乌鲁木齐职业大学	信息工程学院、经济贸易学院、外国语学院、艺术学院、传媒学院等16个教学单位	64	文秘、旅游管理、物流管理、印刷技术、应用俄语、计算机信息管理等

续表

地区	院校名称	开设学院/系部	专业数量	重点专业
乌鲁木齐市（北疆）	3. 新疆轻工业职业技术学院	食品工程系、化学工程系、纺织工程系、机电工程系、计算机系、工商管理系、新闻传播系、语言系、基础部、思想政治教育部、软件学院、继续教育学院等12个教学单位。	50	食品营养与检测（国家级精品专业）、环境检测、电子技术应用、工业电气自动化、计算机网络与通讯、计算机信息管理等专业
	4. 新疆交通职业技术学院	道路桥梁工程学院、汽车工程学院、机电工程学院、运输管理学院等7个教学单位	37	道路桥梁工程技术、高等级公路维护与管理、汽车运用技术、汽车电子技术、公路监理（自治区特色专业）、工程测量技术（自治区提升专业服务能力专业）
	5. 新疆机电职业技术学院	机械工程系、电气工程系、管理工程系、计算机工程系、基础学科部、人文社科部等6个教学单位	24个专业、32个专业方向	焊接工艺及设备、机电工程、数控机床加工技术、计算机网络技术、电子信息技术、自动控制技术、应用电子技术等
	6. 新疆能源职业技术学院	能源工程学院、工程测量学院、机电工程学院、电子工程学院、经济管理学院等教学单位	15	煤炭开采技术、矿井通风与安全、矿山机电、固体矿床露天开采技术、工程测量技术、机电一体化技术等
	7. 新疆建设职业技术学院	土木工程系、城市建设工程系、建筑材料工程系、经济管理工程系、设备工程系、计算机信息工程系等6个教学单位	60+	建筑装饰工程技术、城镇规划、城市管理与监察、建筑工程技术等
	8. 新疆现代职业技术学院	语言部、医学部、信息网络中心和公共部	5	医学检验、医学影像、医学康复、医学助产、护理

续表

地区	院校名称	开设学院/系部	专业数量	重点专业
乌鲁木齐市（北疆）	9. 新疆天山职业技术学院	财经学院、工程汽车学院、信息技术学院、人文艺术学院、民航管理学院、外国语言学院、智能工程学院、商务学院等8个学院，以及留学生教学部	16	计算机信息管理、软件技术专业、会计电算化、装潢艺术设计、影视动画、电子商务等
	10. 新疆铁道职业技术学院	运输管理工程学院、电气工程学院、土木工程学院、机械工程学院、信息管理工程学院、思政部等6个教学单位	30	铁道机车车辆、电气化铁道技术、铁道通信信号、铁道工程技术、城市轨道交通运营管理、城市轨道交通车辆、高速铁道技术等专业
	11. 新疆生产建设兵团兴新职业技术学院	电气工程系、建筑工程系、机械工程系、汽车工程系、烹饪旅游系、信息工程系、电力工程系等教学单位	26	工程造价、电气自动化技术、机械设计与制造、汽车运用技术、烹饪工艺与营养、数字媒体技术等
	12. 新疆工业职业技术学院	机械工程系、能源电气系、材料化工系、经济管理系、信息工程系等5个教学单位	10	钢铁冶炼、金属压力加工、电气技术应用、机电技术应用、机电设备安装与调试、机械制造技术、机械加工技术、钢铁装备运行与维护、焊接技术应用、火电厂集控运行、煤炭综合利用等
	13. 新疆师范高等专科学校（新疆教育学院）	双语学院、教育科学学院、科学教育学院、美术学院、人文学院等14个教学单位	48（含方向）	美术教育、英语教育（自治区特色专业）、电脑艺术设计（自治区提升专业服务产业能力专业）

续表

地区	院校名称	开设学院/系部	专业数量	重点专业
昌吉州（北疆）	14.新疆农业职业技术学院	生物科技分院、园林及食品科技分院、动物科技学院、经济贸易分院、工程分院、信息技术分院、国际合作分院等13个分院	57	园艺技术、食品加工技术、种子生产与经营、畜牧兽医（国家级重点）、水利工程、计算机网络技术、农产品加工与质量检测、动物医学（自治区特色专业）、动物防疫与检疫、水利工程（教育部专业服务产业能力建设专业）、农业装备应用技术（自治区提升专业服务能力专业）、现代马产业（自治区畜牧厅重点支持专业）
	15.昌吉职业技术学院	电气工程分院、经济管理分院、机械工程分院、建筑工程分院、旅游分院、能源动力工程分院等14个分院	38	电气自动化技术、机电设备维修与管理、电力系统自动化技术、电力系统自动化技术（自治区特色专业）、机电一体化技术（央财支持提升专业与服务能力建设专业）、机电设备维修与管理（自治区提升专业服务能力项目）、机械制造与自动化焊接技术、热能动力设备与应用（自治区首批示范校重点建设专业）、焊接技术（国家高技能人才培训基地重点建设专业）
克拉玛依（北疆）	16.克拉玛依职业技术学院	石油工程系、石油化学工程系、电子与电气工程系、机械工程系、信息工程系、汽车工程系、经济管理系	37	石油化工生产技术、钻井技术、油气开采技术、油气储运技术、化工设备维修技术（国家示范专业）、电气自动化技术、机电设备维修与管理（央财支持提升专业服务产业发展能力专业）、生产过程自动化技术、油田化学应用技术、酒店管理、汽车检测与维修技术、石油与天然气地质勘探技术（自治区特色专业）

续表

地区	院校名称	开设学院/系部	专业数量	重点专业
伊犁哈萨克自治州（北疆）	17.伊犁职业技术学院	畜牧系、农业系、机械电子系和基础部	18	园艺、食品检验与质量管理、畜牧兽医、物业管理、电气自动化、旅游管理
	18.新疆应用职业技术学院	机电工程系、经济与旅游管理系、石油与化学工程系、建筑工程系、园林园艺、师范教育系、传媒艺术系、音乐舞蹈系、汉语言教学部、公共教学部等10个教学单位	54	旅游管理、建筑工程（央财提升专业服务产业能力建设项目）
阿勒泰地区（北疆）	19.新疆石河子职业技术学院	机械电气工程分院、水利建筑工程分院、轻纺化工分院	11	建筑工程技术、工程造价、应用化工技术
五家渠市（北疆）	20.新疆兵团警官高等专科学校	监管系、法律系、公安系等	8	治安管理、安全保卫、刑事执行
	21.新疆科技职业技术学院	应用工程学院、信息工程学院、艺术与传媒学院、化工技术学院、经济贸易学院、公共管理学院、旅游与酒店管理学院等	18	会计、电子商务、人力资源管理
哈密（东疆）	22.哈密职业技术学院	机电系、化学工程系、医护系、经管系、交通运输系	8	
吐鲁番（东疆）	23.吐鲁番职业技术学院	机电工程学院、信息工程学院、农学学院、医学学院、师范学院、旅游学院、基础教育部等9个教学单位	10	护理、学前教育、导游、酿酒技术等

续表

地区	院校名称	开设学院/系部	专业数量	重点专业
巴音郭楞蒙古自治州（南疆）	24. 巴音郭楞职业技术学院	电子信息工程学院、机械电气工程学院、石油化工学院、人文经济学院、传媒学院、矿业工程学院、继续教育学院、体育学院、生物工程系、纺织工程系、交通工程系、旅游系、基础课教学部共8院4系1部	30	畜牧兽医（自治区重点扶持建设的特色专业）、会计电算化、电气自动化技术、石油化工技术
阿克苏地区（南疆）	25. 阿克苏职业技术学院	纺织系、艺术系、人文教育系、经济管理系、信息工程系、机电工程系等教学单位	39	护理、园艺技术、煤矿开采技术、新型纺织机电技术（自治区重点建设专业）、护理、现代纺织技术、矿山机电（自治区特色专业）
和田地区（南疆）	26. 新疆维吾尔医学专科学校	基础医学系、护理学系、维吾尔医药学系、维吾尔医疗学系等教学单位	5	维医学（自治区级特色专业）、医学检验技术（自治区级重点专业）
	27. 和田师范专科学校	数学与信息学院、理学院、生地学院、文学院、体育学院、政史学院、语言学院、学前与艺术教育学院、马克思主义学院、网络与继续教育学院等教学单位	27	计算机应用技术、中国少数民族语言文化、数学教育、语文教育、物理教育、汉语、生物教育

　　从丝绸之路经济带核心区各州市高职院校的专业设置结果来看，各院校基本都已面向核心区内州市的重点产业开设了对应专业，并在国家重点建设专业、央财提升专业服务产业能力建设项目与建设专业、自治区重点建设专业、特色专业等方面已经获得产教融合的成效。

6.3 丝绸之路经济带核心区高职专业建设与产业转型升级的耦合协调度分析

本研究使用《新疆统计年鉴（2006—2018）》的面板数据与高职院校专业建设现状的调研数据，从规模、结构、质量等三个维度测度专业—产业的耦合度水平、协调度水平和耦合协调度水平。

为考察丝绸之路核心区不同州市高职专业建设与产业转型升级的关联度，本研究重点考察新疆的乌鲁木齐、昌吉州、克拉玛依市、和田地区、伊犁州、巴音州、阿克苏地区、五家渠市、哈密市、吐鲁番市这几个地区。结合2011—2018年这几个地区的产业转型升级数据，利用熵权法对各指标赋权，结果如表6-3所示，在丝绸之路经济带核心区产业转型升级指标权重分配中，一级指标产业规模占比63.67%，二级指标产业结构占比0.07%，三级指标产业质量比重为36.96%。

表6-3 丝绸之路经济带核心区产业转型升级子系统各指标权重赋值（2011—2018年）

	2011年	2012年	2013年	2014年	2015年	2016年	2017年	2018年	均值
x_{11}	0.3816	0.3622	0.3652	0.3750	0.3767	0.3687	0.3723	0.3830	0.3731
x_{12}	0.2771	0.2600	0.2526	0.2322	0.2289	0.2494	0.2417	0.2260	0.2460
x_{13}	0.0262	0.0230	0.0250	0.0261	0.0265	0.0220	0.0219	0.0185	0.0237
x_{14}	0.0004	0.0040	0.0004	0.0003	0.0002	0.0002	0.0002	0.0003	0.0008
x_{15}	0.0082	0.0065	0.0063	0.0063	0.0059	0.0057	0.0065	0.0046	0.0063
x_{16}	0.3664	0.3478	0.3506	0.3601	0.3617	0.3540	0.3574	0.3677	0.3582

基于丝绸之路经济带核心区各细分区所属高职院校的专业建设信息，运用熵权法获取各地高职专业建设子系统各指标权重（表6-4），其中，高职专业规模占比32.92%，高职专业结构合理化占比57.96%，高职专业人才培养质量占比9.12%。

表 6-4　丝绸之路经济带核心区高职专业建设子系统各指标权重赋值（2011—2018 年）

	2011 年	2012 年	2013 年	2014 年	2015 年	2016 年	2017 年	2018 年	均值
y_{111}	0.0881	0.0887	0.0873	0.0876	0.0880	0.0905	0.0993	0.1157	0.0932
y_{112}	0.0383	0.0351	0.0358	0.0357	0.0356	0.0353	0.0317	0.0372	0.0356
y_{113}	0.0387	0.0364	0.0352	0.0353	0.0344	0.0345	0.0281	0.0328	0.0344
y_{121}	0.0967	0.0969	0.0971	0.0967	0.0967	0.0958	0.1023	0.1201	0.1003
y_{122}	0.0352	0.0350	0.0353	0.0352	0.0351	0.0353	0.0312	0.0366	0.0349
y_{123}	0.0325	0.0318	0.0329	0.0328	0.0329	0.0302	0.0246	0.0289	0.0308
y_{211}	0.0847	0.0849	0.0848	0.0845	0.0845	0.0892	0.0936	0.1099	0.0895
y_{212}	0.0342	0.0346	0.0346	0.0346	0.0345	0.0353	0.0316	0.0371	0.0346
y_{213}	0.0329	0.0338	0.0329	0.0333	0.0349	0.0343	0.0289	0.0340	0.0331
y_{221}	0.0880	0.0882	0.0882	0.0879	0.0878	0.0872	0.0926	0.1087	0.0911
y_{222}	0.0355	0.0355	0.0356	0.0355	0.0354	0.0353	0.0308	0.0361	0.0350
y_{223}	0.0524	0.0525	0.0551	0.0549	0.0549	0.0545	0.0516	0.0606	0.0545
y_{231}	0.0422	0.0424	0.0421	0.0420	0.0422	0.0419	0.0396	0.0477	0.0425
y_{232}	0.1603	0.1640	0.1632	0.1644	0.1638	0.1621	0.1949	0.0536	0.1533
y_{233}	0.0462	0.0458	0.0455	0.0455	0.0453	0.0450	0.0432	0.0517	0.0460
y_{311}	0.0313	0.0313	0.0313	0.0312	0.0312	0.0310	0.0251	0.0295	0.0302
y_{312}	0.0316	0.0317	0.0317	0.0316	0.0316	0.0314	0.0256	0.0300	0.0306
y_{313}	0.0314	0.0315	0.0314	0.0313	0.0313	0.0312	0.0253	0.0297	0.0304

运用公式（6）计算丝绸之路经济带核心区各州市的高职专业建设子系统与产业转型升级子系统的耦合度指数（表 6-5），从 2011—2018 年这两个子系统的耦合度指数来看，均值高于 0.9 的地区有昌吉州、克拉玛依市、和田地区、阿克苏地区、五家渠市，吐鲁番市由于 2016 年才创建高职院校，其 2011—2016 年的耦合度指数为 0；从纵向时点来看，随着时间的推移，各地耦合度整体呈上升态势。

表 6-5 丝绸之路经济带核心区高职专业建设子系统与
产业转型升级子系统的耦合度指数汇总（2011—2018 年）

城市/地区	2011 年	2012 年	2013 年	2014 年	2015 年	2016 年	2017 年	2018 年	均值
乌鲁木齐市	0.8505	0.8392	0.8452	0.8481	0.8495	0.8459	0.8256	0.8650	0.8461
昌吉州	0.9273	0.9295	0.9330	0.9473	0.9475	0.9537	0.9632	0.9337	0.9419
克拉玛依市	0.9395	0.9378	0.9414	0.9464	0.9460	0.9469	0.9180	0.9498	0.9407
和田地区	0.9729	0.9666	0.9637	0.9674	0.9674	0.9676	0.9925	0.9777	0.9720
伊犁州	0.8492	0.8433	0.8483	0.8458	0.8448	0.8419	0.8594	0.8249	0.8447
巴音州	0.6704	0.6980	0.6970	0.6905	0.6909	0.6726	0.6747	0.8863	0.7100
阿克苏地区	0.9992	0.9983	0.9988	0.9990	0.9990	0.9982	0.9990	0.9998	0.9989
五家渠市	0.9916	0.9893	0.9896	0.9913	0.9916	0.9929	0.9979	0.9889	0.9916
哈密市	0.8757	0.8810	0.8800	0.8786	0.8780	0.8790	0.8786	0.9108	0.8827
吐鲁番市	0.0000	0.0000	0.0000	0.0000	0.0000	0.0000	0.8955	0.8762	0.8859

运用公式（7）计算丝绸之路经济带核心区各州市高职专业建设与产业转型升级的协调度指数（表 6-6），2011—2018 年这两个子系统的协调度指数呈上升趋势，其中，乌鲁木齐市的整体均值位列第一位，分值为 0.2354，其次为巴音州、伊犁州、昌吉州等地，说明这些地区的高职专业建设与产业转型升级的协调程度良好，但和田地区、阿克苏地区、吐鲁番市等地的协调度均值均低于 0.1000，说明在这几个地区这两个系统的协调性不够理想。

表 6-6 丝绸之路经济带核心区高职专业建设子系统与
产业转型升级子系统的协调度指数汇总（2011—2018 年）

城市/地区	2011 年	2012 年	2013 年	2014 年	2015 年	2016 年	2017 年	2018 年	均值
乌鲁木齐市	0.2317	0.2381	0.2371	0.2344	0.2342	0.2369	0.2312	0.2393	0.2354
昌吉州	0.1004	0.1003	0.0994	0.1023	0.1022	0.1053	0.0998	0.1104	0.1025
克拉玛依市	0.0893	0.0880	0.0881	0.0858	0.0858	0.0862	0.0801	0.0835	0.0858
和田地区	0.0564	0.0551	0.0550	0.0556	0.0558	0.0546	0.0476	0.0525	0.0541
伊犁州	0.1206	0.1201	0.1206	0.1202	0.1203	0.1244	0.1204	0.1364	0.1229
巴音州	0.1283	0.1332	0.1322	0.1324	0.1320	0.1295	0.1346	0.0634	0.1232
阿克苏地区	0.0628	0.0609	0.0618	0.0621	0.0622	0.0597	0.0533	0.0597	0.0603
五家渠市	0.0903	0.0885	0.0889	0.0895	0.0896	0.0874	0.0822	0.0904	0.0883
哈密市	0.0950	0.0917	0.0922	0.0925	0.0927	0.0915	0.0915	0.0977	0.0931
吐鲁番市	0.0126	0.0122	0.0124	0.0131	0.0131	0.0131	0.0475	0.0551	0.0224

运用公式（8）计算丝绸之路经济带核心区各州市高职专业建设与产业转型升级的耦合协调度指数（表6-7），首先，随着时间推移，各地区的耦合协调度指数整体呈上升态势，但耦合协调度仍旧不够理想，表现最好的是乌鲁木齐市，耦合协调度指数均值0.4463，但乌鲁木齐市的耦合协调度仍处于濒临失调状态；其次，伊犁州与昌吉州的耦合协调度指数分别为0.3220与0.3107，这两个州的耦合协调度处于轻度失调状态；再次，克拉玛依市、和田地区、巴音州、阿克苏地区、五家渠市、哈密市和吐鲁番市的耦合协调度处于中度失调状态。由此可见，丝绸之路经济带核心区高职专业建设子系统与产业转型升级子系统间并未形成良好的交互协调作用。

表6-7 丝绸之路经济带核心区高职专业建设子系统与产业转型升级子系统的耦合协调度指数汇总（2011—2018年）

城市/地区	2011年	2012年	2013年	2014年	2015年	2016年	2017年	2018年	均值	协调等级
乌鲁木齐市	0.4439	0.4470	0.4477	0.4459	0.4460	0.4476	0.4369	0.4550	0.4463	濒临失调
昌吉州	0.3051	0.3053	0.3045	0.3112	0.3112	0.3169	0.3100	0.3211	0.3107	轻度失调
克拉玛依市	0.2896	0.2873	0.2879	0.2850	0.2849	0.2857	0.2711	0.2816	0.2841	中度失调
和田地区	0.2342	0.2307	0.2302	0.2319	0.2323	0.2298	0.2173	0.2265	0.2291	中度失调
伊犁州	0.3200	0.3182	0.3198	0.3188	0.3189	0.3236	0.3217	0.3355	0.3220	轻度失调
巴音州	0.2932	0.3050	0.3036	0.3024	0.3020	0.2951	0.3014	0.2371	0.2925	中度失调
阿克苏地区	0.2505	0.2466	0.2484	0.2491	0.2493	0.2441	0.2307	0.2443	0.2454	中度失调
五家渠市	0.2992	0.2959	0.2966	0.2979	0.2981	0.2945	0.2864	0.2990	0.2959	中度失调
哈密市	0.2884	0.2842	0.2849	0.2850	0.2853	0.2836	0.2836	0.2984	0.2867	中度失调
吐鲁番市	0.0000	0.0000	0.0000	0.0000	0.0000	0.0000	0.2063	0.2197	0.2130	中度失调

6.4 丝绸之路经济带核心区高职专业建设与产业转型升级交互融合问题分析

从丝绸之路经济带核心区新疆高职专业建设与产业转型升级耦合协调度指数测度结果可知，两个子系统的耦合协调度指数不够高，说明核心区内各州市间发展不够平衡，存在专业规模跟不上产业升级需求，专业结构与产业结构适配度低等问题。

首先，乌鲁木齐市的耦合协调度指数最高，但仍旧处于濒临失调状态。从2011—2018年乌鲁木齐市产业转型升级综合发展指数来看，其整体均值高于其他地区，说明乌鲁木齐市的产业转型升级力度较大，产业规模逐步合理，产业结构日益优化，资源充分利用；虽然2011—2018年高职专业建设综合评分逐年增长，但由于乌鲁木齐市的高职院校数量多，且以工业、交通、铁道等传统工科院校为主，造成乌鲁木齐市产业转型升级子系统与高职专业建设子系统的共振成效不尽理想，下拉了协调度得分，因此乌鲁木齐市两个子系统的交互融合水平还处于濒临失调状态。

其次，伊犁州与昌吉州的耦合协调度指数位列第二、第三位，处于轻度失调状态。伊犁州的三大产业整体协调发展，如第一产业加大智慧农业建设；第二产业做大纺织服装产业，推进农副产品加工、有色金属加工、建材等产业技术改进；第三产业重点发展旅游、电商和商贸物流。但由于涉及面较广，产业升级速度较慢，指数均值并不高，而与之对应的伊犁职业技术学院作为综合性院校，其专业规模、结构与质量处于较好水平，综合得分在新疆排名第一，造成两个子系统的耦合度不高，但协调度位列第三，两者共同决定两个子系统的耦合协调度均值在新疆排名第二，但由于两个子系统本身得分不高，伊犁州的两个子系统的耦合协调度仍处于轻度失调状态。昌吉州以高能耗的重工业为主，产业转型升级速度慢于其他地区，产业升级综合指数较低，但该地所属的两所高职院校在专业规模、结构与质量方面调整较好，高职专业建设综合水平高于其他地区，两个子系统的耦合度较高，但协调度较低，下拉了昌吉州的整体耦合协调度水平，处于轻度失调状态。

再次，由克拉玛依市、和田地区、巴音州等地的耦合协调度指数可知，这些地区的两个子系统的耦合协调度处于中度失调状态。克拉玛依市在做大做强石油石化重点产业时，着重发展金融、信息、旅游产业，但由于石油石化重工业受国家绿色产能限制，其产业升级综合水平呈下降趋势；而克拉玛依职业技术学院是综合性院校，在新形势下逐渐调整专业结构与规模，专业建设综合评分位居核心区第四位，两个子系统的各项综合指数较接近，所以耦合度指数很高。但由于两子系统整体得分不够高，耦合协调度指数低于0.1。而和田地区、巴音州、五家渠市、哈密市的情况与克拉玛依市具有较大相似性，耦合协调度整体处于中度失调状态。吐鲁番市依托独特的区位优势与交通优势，以商贸物流业为抓手，以大通道建设为重点，但由于产业基础较为薄弱，产业转型升级综合水平排名最后；而成立于2016年的吐鲁番职业技术学院是新设高校，能较好围绕吐鲁番市的产业转型升级调整设置专业、建设专业内涵，高职专业建设的综合得分处于中等水平，使两个子系统的耦合度并不理想，协调度得分也低，该地区两个子系统的耦合协调度水平最差。

6.5 实证分析总结与未来研究方向

6.5.1 实证分析总结

本研究通过构建高职专业建设子系统与区域产业转型升级子系统的耦合协调模型，利用熵权法对各级指标赋权，测算出2011—2018年丝绸之路经济带核心区不同州市与时点的耦合协调度指数，并得出如下结论。

首先，随着"一带一路"倡议的推进，丝绸之路经济带核心区进入产业转型升级快速发展阶段，与之所对应的两个子系统的综合评分整体呈上升趋势，但由于两个子系统的综合指数偏低，且存在不适配的现象，因此两个子系统的耦合度不够平衡，协调度指数值较低，整体耦合协调度水平不尽理想，除乌鲁木齐市濒临失调外，其余地区均有更严重的失调现象。

其次，高职专业建设与产业转型升级的耦合协调度水平跟区域经济发展整体水平呈现正相关性，经济发展较快的被调研地区两个子系统的耦合协调度基本处于濒临失调或轻度失调状态；而经济发展较慢的被调研地区两个子系统的耦合协调度处于中度失调状态。

再次，不同州市的丝绸之路经济带核心区两个子系统的耦合协调度差距较大，区域间并未形成强大的辐射联动作用，其根源在于高职专业规模跟不上产业转型升级速度，专业结构调整与产业结构适配度不够高，专业建设人、财、物投入存在不足等。

6.5.2 未来研究方向

本研究运用协同共演理论系统分析了丝绸之路经济带核心区各州市与各时点高职专业与产业的耦合协调度，诊断"专业—产业"链中存在的问题，为实现丝绸之路核心区人才供需协调一致提供数据基础。本研究运用《新疆统计年鉴（2006—2018）》中的面板数据测度各州市产业转型升级综合水平，通过各地所属高职院校专业规模、专业结构与专业质量调研结果测算高职专业建设综合水平，能较全面地分析丝绸之路经济带核心区专业与产业整体融合水平，但此类分析仍属于整体分析，须进一步从更微观的视角分析丝绸之路核心区各州市重点产业转型升级与高职专业建设的交互融合现状，为精确诊断各州市两个子系统的融合问题与成因奠定基础，进而以点带面辐射全疆，探索丝绸之路经济带核心区两个子系统的交互融合路径，为发挥丝绸之路经济带核心区战略作用，促进人才供需衔接、产业转型升级、经济社会稳定发展打下坚实基础。

6.6 本章小结

本章在对丝绸之路经济带核心区新疆及其各行政区划下的重点产业转型升级现状，新疆各州市高职院校的设立、专业开设数量、重点专业及产教融合等现状进行考察的基础上，运用第五章所架构的耦合度模型、协调度模型、耦合协调度模型，从定量层面分析2011—2018年丝绸之路经济带核心区高职专业建设子系统与产业转型升级子系统的耦合度水平、协调度水平、耦合协调度水平。从具体的实证分析结果来看，新疆各州市的高职专业建设与产业转型升级融合水平整体不尽理想，除了乌鲁木齐市濒临失调外，其余州市两个子系统的融合水平均处于轻度失调或中度失调状态。

7 典型案例分析：昌吉州高职专业建设与产业转型升级的融合互动*

本章以丝绸之路经济带核心区的昌吉回族自治州（简称"昌吉州"）为典型案例，分析该地区的职业教育（包括本科教育、高职教育与中职教育）人才供给、产教融合、专业与产业融合的现状，并从主体融合、要素融合、结构融合、空间融合等四个方面解析昌吉州职业教育专业建设与产业转型升级的融合现状，为制定丝绸之路经济带核心区高职专业建设与产业转型升级交互融合路径与发展对策提供经验借鉴。

7.1 昌吉州的整体发展概况

随着"一带一路"倡议的加快推进，作为丝绸之路经济带核心区的新疆，战略位置的重要性更加突出。昌吉州是乌鲁木齐大都市圈的重要组成部分，其发展将为乌鲁木齐城市群的发展提供重要战略支撑。根据国家和新疆"十三五"发展规划的部署及党的十九大对于未来一个时期国家发展的重大战略安排，昌吉州在依托重大发展利好的情境下，积极贯彻新时代的发展理念，实现社会长治久安、实施区域协调发展、建设现代化经济体系将是昌吉州未来发展的重要任务。

"十三五"时期是昌吉州实现"六个走在前列"、全面建成小康社会的决胜期，是转变发展方式、优化经济结构、转换增长动力的关键期，必须以供给侧改革为主线，推动经济发展质量变革，提高全要素生产率，加快构建由实体经济、科技创新、人力资源协调发展的产业框架。

从国际形势来看，世界主要国家纷纷制定新的经济发展战略，将制造业作为经济复苏的重要引擎，实施"再工业化""工业4.0"等计划，科

---

* 本章由周芳、卜树坡、廖文杰执笔撰写，周芳修改、定稿。

技创新链条更灵巧、技术更新和成果转化更快捷、产业更新换代更快速，全球产业价值链面临重新调整，人力资源成为经济增长的动力源，即数量充足、符合产业转型升级要求的技术技能人才成为实现区域经济发展战略的重要保证。

从国内形势来看，经济发展进入速度放缓、结构优化、动力转换的新常态。在此背景下，国家提出"五大发展理念"和"中国制造 2025 战略"，系统助推产业的转型升级和创新发展。同时，"一带一路"倡议的实施也加速了区域产业发展规模与结构的调整。要深入实施丝绸之路经济带发展战略，就必须加速人才培育与供给，充分释放人才的活力和潜力，为科技创新与产业发展提供智力支撑。

从新疆发展形势来看，在国家"一带一路"倡议和创新驱动发展战略大背景下，新疆维吾尔自治区党委确定两大发展战略，协同共建"乌昌石国家级自主创新示范区"，依托多方合作机制探索要素聚集、技术领先、效率优先的创新驱动发展路径。

从昌吉州的发展形势看，作为全疆率先发展的重点区域，昌吉州独特的区位、资源、产业、环境优势将更加凸显。昌吉州当前已形成三大优势产业和四大传统产业的现代产业体系，必须以"稳定的排头兵、发展的先行者"为目标，发挥人力资源优势对新兴产业的引领作用，促进州内重点产业的转型升级，提升产业的竞争优势，并朝向产业价值链中高端迈进。

7.2 昌吉州重点产业的人才需求状况

为精准把握昌吉州产业转型升级对各层次各专业高技术技能型人才的需求情况，本研究首先梳理昌吉州的重点产业，并根据重点产业发展所需的专业人才数量、层次与规格，系统把握该地区的人才需求情况。

7.2.1 昌吉州重点发展产业梳理

昌吉州紧密围绕社会稳定和长治久安总目标，树立"六个走在前列"的新坐标，根据需求导向来拓展州内产业的发展空间，加快产业的转型升级，保持经济的高速增长。

（1）创新提升绿色低碳、循环发展的优势特色产业，引领产业迈向价值链中高端

着力推进特色农产品精深加工、先进装备制造业、纺织服装、旅游等绿色低碳优势特色产业，做精做专现有业务的优势环节，加大技术研发和

关键标准的支持力度，强化产品品牌、企业品牌的培育，创新商业模式、营销模式、服务模式等，向"微笑曲线"两端延伸，攀升价值链中高端，提升"昌吉制造"的国内外品牌知名度，打造基于州内产业集群的区域品牌，建成自治区重要的先进装备制造出口基地、智能制造基地、特色农副产品生产出口加工基地、旅游创新示范区等特色优势产业基地。

① 先进装备制造业。着重输变电装备、农牧机械及农副产品加工装备的发展，及时推进工程及建筑装备、轨道交通装备、通用航空装备、环保设备、矿山机械、纺织服装机械的发展，加快新一代信息技术与装备制造业的融合，提升智能装备制造的水平，使装备制造业朝向产业链中高端迈进。着力构建优势特色明显、产业集聚度高的先进装备制造产业体系，建成装备制造业综合制造和出口基地。大力发展装备制造服务业，推动装备制造业由单一生产型向生产服务型转变，引领产业向价值链高端攀升，建成自治区重要的先进装备制造出口基地、智能制造基地。

② 特色农产品精深加工。基于绿色、生态、安全、有机的理念，实施增品种、提品质、创品牌的"三品"战略，加快发展林果加工、生物发酵、油料加工、肉类加工、饲料加工等优势产业，引导龙头企业向优势产业集中，推进农产品加工集聚。大力引进番茄红素、番茄胶囊等科技含量高的精深加工项目，积极培育植物提取、葡萄酒酿造、乳制品加工等具有良好发展前景的行业，稳步发展番茄酱、粮食加工等特色产业，着力打造北疆特色农副产品生产出口加工基地，建设农副产品和畜产品精深加工集聚区。

③ 纺织服装产业。有序推进"纺织服装产业促进就业行动计划"，着力发展投资成本少、见效速度快、就业容量大的服装、家纺等终端消费品行业；适度增加棉纺的产能，注重研发设计、营销推广、商贸物流等生产性服务业的配套服务；积极推进民族服装、精品刺绣等民族特色产业的发展。在具体的纺织服装业发展进程中，有效承接东中部产业转移，重点吸引知名品牌企业、全产业链龙头企业进入昌吉州发展，建成国家重要棉纺产业基地。

④ 旅游业。以天山北麓自然生态环境为基底，构建天山廊道世界遗产旅游产业带，以天山天池、北庭故城为核心，以绿洲、沙漠、乡村、地质地貌为特色，打造自治区旅游第一站、休闲度假首选目的地。着力打造天山天池、北庭故城遗址世界"双遗产"和江布拉克国家 AAAAA 景区，建设以阜康山水城漠"四位一体"国际旅游都市、头屯河文旅新区为代表

的文化旅游集聚区，以田园综合体、民俗旅游为代表的乡村旅游基地，以现代装备制造、现代煤炭资源循环利用等产业为代表的工业旅游基地，形成历史文化旅游、自然景观旅游、休闲度假旅游、工业文化旅游有机组合的天山北麓黄金文化旅游产业带，实现旅游全产业链条的再造、旅游服务全流程的优化。建成新疆重要的观光旅游、休闲度假胜地，旅游集散地和文化展示窗口，建成国家全域旅游示范州。

（2）培育壮大高技术、高附加值的战略新兴产业，引领产业迈向产业链中高端

推动位于产业链高端的新一代信息技术、通用航空、轨道交通、生物科技等产业的发展，促进产业向中高端迈进，构建创新型企业集群、打造创新创业基地，建成产业集聚发展创新示范区。

① 新一代信息技术。有效利用国家对新疆信息产业的扶持政策，将大数据、物联网、人工智能等现代信息技术与先进装备制造、现代农业、旅游、现代物流等产业融合发展，强化新一代信息技术在各个产业领域的广泛运用，全面推进软件和信息服务业快速发展。大力提升电子信息制作与维护、信息产业硬件制造与维护技能水平。比如在传统的输变电装备、农牧机械等重点领域试点建设智能工厂或数字化车间，将工业机器人、智能物流管理等技术在生产制造进程中加以应用，培育工厂物联网技术服务企业，支持和鼓励本地物联网技术服务企业发展，推进人机智能交互，重塑产业链、供应链、价值链，改造提升传统动能。

② 通用航空。根据《昌吉州通用航空产业发展规划》的要求，重点布局航空运输、航空培训、航空物流、航空器制造维修、通用航空服务保障、旅游集散及商务服务等，打造区域空港旅游集散枢纽、商务服务枢纽、区域快速物流集散基地，带动城市旅游、航空金融、康体养生、总部经济、商贸、农牧业等全面发展。发挥通用航空发展的联动作用，在高新区发展通用航空关联的先进材料、机械制造、特种加工等系列高科技产业。在玛纳斯、奇台率先开展低空游览、航空服务、机务培训、维修救援服务、销售服务等综合性服务，实现区域内的通用航空产业链条的良性循环。

③ 轨道交通。依据乌昌轻轨和 26 千米长的城市轻轨、265 千米的城际轻轨计划，重点发展以机车牵引系统、供电系统、通信系统、信号系统、轨道交通安全管理等有关的高端装备制造产业，发挥轨道交通产业链较长的优势，拉动基础建筑领域和工程机械装备，发展车辆制造和组装车

体、转向架和其他零部件生产,下游则为公共运营、运输等提供服务。同时,依托轨道交通带动周边沿线物流业和商贸流通业的发展。

④ 节能环保。以环保装备为重点、环境监测服务为特色、环境防治治理解决方案为基础,推进昌吉州绿色发展,实现全产业链升级。以准东为重点发展环境服务产业,开展以环境大数据为核心的环境监测服务。以昌吉州的国家高新技术产业开发区为中心,大力发展节能环保装备产业。发挥新疆环境"监测—防治—治理"三位一体综合示范区、中国环保服务及装备对中亚输出窗口的重要作用。

⑤ 生物科技。依托丰富的药用植物、动植物资源优势,发挥西部农业研究中心的核心骨干作用,进一步促进生物育种、生物饲料、生物农药等农用生物制品的研发和产业化。大力推进葡萄酒、乳制品等生物发酵产业的发展,助力番茄、甘草、辣椒等特有资源提取的保健食品、营养食品加工业的发展。重点发展地产药品(中药、民族药、创新药)、生物制品和中药材精深加工等产业。

(3) 优化提升适应人民美好生活需要的现代服务业,引领产业抢占市场中高端

推动现代物流业、科技服务业向专业化方向发展,带动制造业由生产型向生产服务型转变,建成面向中亚、西亚及欧洲的区域性国际物流中心、生产性服务业创新示范区和康养旅游创新示范区。

① 现代物流业。围绕"乌昌石"城市群发展要求,加快乌昌综合交通枢纽中心、乌昌现代物流中心、新疆天山东部物流园建设,加快公路、通用航空等现代物流通道、物流信息平台和物流园区建设,推动冷链等先进物流技术装备和配送网络终端建设,形成互联互通式的物流网络、功能集成的综合物流园区和环保高效的物流配送体系。鼓励制造企业将物流业务分离外包,大力支持第三方、第四方物流,铁空多式联运等物流新模式发展,打造一批辐射中国西部、面向中亚与南亚的现代公路、铁路、航空联运物流基地和物流港。

② 科技服务业。推进生产性服务业向专业化和价值链高端延伸,加大力度推进科学研发设计、技术创新与转化、创新创业孵化、知识产权保护、科技咨询服务、科技金融服务等科技服务新兴业态。推动传统的输变电装备、风电光伏产业、煤电煤化工产业,以及新材料检验检测技术与国际先进水平相接轨。整合现有的创新创业技术服务资源,完善"创业苗圃＋孵化器＋加速器"创业孵化服务链条,为新兴产业的培育与发展奠定技

术服务保障。建立面向产业集群、中小微企业的公共科技服务平台,保障集群企业的科技创新。大力推进技术转让、管理咨询、风险投资、法律服务、会计服务、评估服务、运营策划等中介服务,助推中介服务与方式的创新,促进先进科技与产业发展的有机融合。

③ 康养服务。积极应对人口老龄化,推进医养结合,加快健康、养老产业发展。在木垒、阜康、昌吉等空气质量优良、生态环境好的地区建设一批医疗康养旅游服务机构和康养城,打造医疗康复、中医民族医药、养生保健于一体的服务体系,提供"旅游+"康养套餐、"旅游+"养生套餐、"旅游+"营养套餐等系列服务,并鼓励有相应资质的医疗机构与服务企业转向中亚、俄罗斯市场,为"一带一路"沿线地区人民提供推拿、按摩、针灸、药膳等中医民族医药健康服务项目。

(4) 改造提升资源优势、技术领先的高载能产业,提高资源性产业发展质量和效益

推进煤化工产业升级,延伸有色金属下游相关产业,全面提升有色金属深加工水平,提高资源性产业的发展质量和效益。

① 煤电煤化工产业。加快推进"电化昌吉"步伐,重点推进工业、建筑业、交通运输等领域的电能替代,推动以电代煤、以电代油、以电代气的转型升级进程,开展电力系统的供给侧管理,系统打造低碳、清洁、安全与高效的新能源系统。培育技术领先、工艺先进、循环发展的产业,推进煤化工产业转型升级,稳妥实施煤制油、煤制气示范工程。重点推进已核准和进入国家相关规划的项目,做好升级示范工作。大力推进煤制化学品、煤炭分质利用项目符合国家相关规划要求,增强煤炭清洁使用水平,比如煤制烯烃、煤制乙二醇、BDO 等煤炭分级分质利用,实现煤炭清洁就地转化利用。支持煤焦油深加工产业链延伸,重点发展煤焦油制芳烃、高品质空煤航油柴油、特种油品和精酚等精细化工产品。

② 有色金属冶炼及精深加工。遵循集中冶炼原则,适度控制冶炼规模,延伸下游产业链条,推进铝、铜、镍冶炼朝高端化、特色化发展,延伸铝、硅下游产业链条,打造具有国内外竞争优势的有色金属冶炼产业链。提高金属材料、轻质高性能合金的加工水平,发展高端建筑铝材、工业合金、轨道交通、泡沫铝项目。培育发展高精铝、电子箔、电极箔、电容器等精深加工产业链,推动高纯铝、硅铝、锰铝、铝镁等合金新材料应用于工业型材、轨道交通、航空、电子信息等行业,全面提升有色金属深加工水平。建设昌吉州有色金属制品出口加工业集聚区,系统提高产业发

展质量和效益。

(5) 淘汰落后产能

严格执行《自治区重点行业环境准入条件》，将"乌昌石"同防同治重点区域作为产业发展和项目落地严格审核地区，全面提高产业准入门槛，严禁"三高"项目落地。坚决淘汰水泥、钢铁、煤炭等行业的落后产能，化解钢铁行业过剩产能、淘汰兰炭焦化行业落后产能、关停违规电解铝产能、淘汰退出小煤矿，对落后产能严格环评、土地、安全生产审批。

7.2.2 昌吉州重点产业对职教专业人才的素质要求

根据对昌吉高新区、准东开发区、农业科技园区及经信委、商务局所属102家企业的调研数据，运用SPSS19.0分析可知，企业对职业院校培养人才的素质要求主要体现在能力及品质方面。昌吉州企业对职教人才品质素质最看重责任心、敬业精神及团队合作精神这三项；对职教人才能力素质最看重专业技能、学习能力、协作能力这三项；企业最关注职业院校毕业生的实践（实习）及专业课的学习能力。

7.2.3 昌吉州重点产业对职教专业人才的需求数量

通过对昌吉州人力资源与社会保障的调研可知，昌吉州的重点产业主要包括先进装备制造、现代煤电煤化工、有色金属冶炼及精深加工、农产品精深加工等产业，而这些产业所需的职业技能人才数量约为2.1万人，2019年预计新增职教毕业生为8100人，运用灰色预测模型对昌吉州重点产业所需人才数量的预测结果如表7-1所示。

表7-1 昌吉州重点产业的人才需求数量情况

产业类别	2020年预期产值/亿	2019年预计新增就业/人	2019—2020年预计新增就业/人	2021—2025年预计新增就业/人
现代煤电煤化工	1000	4000	18800	7000
有色金属冶炼及精深加工	1000	800	10000	1500
先进装备制造	300	100	500	2000
农产品精深加工	400	5000	15000	20000
现代物流	100	500	1000	2000

续表

产业类别	2020年预期产值/亿	2019年预计新增就业/人	2019—2020年预计新增就业/人	2021—2025年预计新增就业/人
旅游	100	200	500	1000
新一代信息技术	500	500	2000	3000
通用航空	100	100	500	1000
轨道交通	25	—	200	600
科技服务	35	150	400	500
生物科技	200	300	1000	2500
康养服务	50	1000	3000	5000
节能环保	20	200	500	1000

（4）重点产业对职教人才的层次要求

从昌吉州现有人力资源层次结构情况看，重点产业对职业教育高技术技能人才（中专、大专）的需求最为旺盛，其中，对中专层次员工的需求比例为29.9%，对大专层次员工的需求比例达34.3%，昌吉州重点产业对职教人才的需求比例高达64.2%。

7.3 昌吉州职业教育对重点产业的人才供给状况

7.3.1 昌吉州重点产业技术技能人才供给现状

高技术技能人才是优势特色产业人才供给的主要力量。从本次调研结果来看，本科层次的应用型、复合型技能人才的供给数量明显不足；专科层次高职院校所开设的核心专业、骨干专业数量偏少，未形成资源共享、优势互补的专业群，与产业配套的专业培养体系也未能及时生成，很难为州内产业的转型升级精准供给所需的高技术技能人才。另外，与生产性服务业、战略性新兴产业对接的人才培育基本处于空白状态，亟须开设与重点产业发展相关联的专业，打造定位清晰、层次分明的专业结构系统，引领生产性服务业、战略性新兴产业的发展。昌吉州重点产业所对应的专业设置与人才培育情况如表7-2所示。

表 7-2 昌吉州职业教育对重点产业的人才供给情况汇总

重点产业	重点产业发展定位	现有骨干专业及人才供给	存在问题分析
先进装备制造	保持输变电装备领先，重点发展农牧、工程机械，培育智能装备、节能环保、纺织等装备，打造输变电装备制造业产业园、煤机装备产业园、农机制造产业园	本科：自动化、电气自动化技术 专业数/学生数：2/316 高职：机电一体化技术、机械制造与自动化、机电设备维修与管理、电气自动化技术、自动化生产设备应用、智能控制技术、数控技术、汽车检测与维修技术、农业装备应用技术 专业数/学生数：9/1796 中职：机电技术应用、机械设备装配与自动控制、机电设备安装与维修、电气运行与控制、电气自动化设备安装与维修、汽车运用与维修、汽车维修、焊接技术、汽车电器与维修 专业数/学生数：9/3800	本科专业少，应用型人才供给不足，缺少工业机器人技术、物联网应用技术、软件与大数据分析等引领先进装备制造产业发展的优势专业，尚未形成智能制造专业集群 高职的智能控制技术专业与智能制造紧密相关，但在校生只有15人，技术技能型人才供给不足
特色农产品精深加工	以昌吉州东三县为主，重点建设特色农产品（面粉、脱水菜、油脂、鹰嘴豆）加工基地；以昌吉州西三县为主形成红色加工业（葡萄酒、番茄制品、辣椒红素、辣椒酱）集聚和乳业集聚；以昌吉市为中心，提升油脂、饲料加工企业集群竞争力，打造绿色农产品、特色农产品、农牧业精深加工基地	本科：无 高职：种子生产与经营、农产品加工与质量检测、食品营养与检测、食品加工技术、畜牧兽医、动物医学、动物防疫与检疫、宠物养护与训导、现代马产业技术 专业数/学生数：9/2529 中职：农产品保鲜与加工、畜牧兽医 专业数/学生数：2/121	本科专业无，缺少应用型人才 骨干专业弱，特色农产品精深加工专业集群尚未形成 中职专业少，技术技能型人才供给不足，更没有形成职教体系上的对接

续表

重点产业	重点产业发展定位	现有骨干专业及人才供给	存在问题分析
旅游	以"旅游+"为引领，推进综合型文化旅游产业转型，完善全域旅游基础设施、公共服务设施、"快旅慢游"服务体系，以重点景区和景点为核心、休闲旅游集聚区为支撑、智慧自助旅游网络为枢纽、资源联合营销为抓手，建成新疆重要的观光休闲胜地和旅游目的地、集散地的对外文化窗口	本科：无 高职：旅游英语、酒店、烹调工艺与营养、旅游管理 专业数/学生数：4/400 中职：旅游服务与管理、中餐烹饪、中餐烹饪与营养膳食 专业数/学生数：3/989	本科专业无 中职、高职以中餐烹饪专业居多，占比65.6%；缺少导游、旅行社经营管理、休闲服务与管理等旅游核心专业和技术技能型人才的培养，未能形成旅游业专业集群
现代物流	优化物流布局，着力打造一批辐射中国西部、面向中南亚的现代公路、铁路、航空联运物流基地和物流港，引导物流集聚集约发展。培育物流龙头企业，发展邮政和快递服务业，推进绿色物流发展。在工业品、农产品、旅游、食品、医疗服务等领域培育壮大一批专业性电商平台，积极引进和培育一批电商龙头企业，推进电商进社区，开展电商示范县（市）、示范基地（园区）、示范企业的创建工作	本科：连锁经营管理、商务英语、电子商务、工商管理、财务管理、工商企业管理、文秘、秘书学 专业数/学生数：8/1187 交通运输 专业数/学生数：1/30 高职：会计、电子商务、会计国际、商务管理、商务英语、市场营销、财务管理、文秘 专业数/学生数：8/2509 （物流）物流管理 专业数/学生数：1/262 中职：（商贸）会计电算化、珠宝玉石加工与营销、电子商务 专业数/学生数：0	本科、高职、中职均缺少物流信息技术、物联网技术、冷链物流技术与管理、冷鲜物流、航空物流、物流机器人等引领产业发展的核心专业，未能形成物流业专业集群

续表

重点产业	重点产业发展定位	现有骨干专业及人才供给	存在问题分析
科技服务	推进输变电、风电光伏、煤电煤化工、棉花和新材料等检验检测技术与国际接轨，建设西部领先的检验检测技术服务平台。整合创新创业服务资源，建设创业孵化服务链条，为培育新兴产业提供源头支撑。面向产业集群和中小微企业，大力发展风险投资、技术转让、管理和战略咨询、法律、会计、评估、策划等社会中介服务，建设专业化科技公共服务平台	本科：金融数学、公共事业管理 专业数/学生数：2/337 高职：投资与理财、金融保险 专业数/学生数：2/141 中职：无	本科、高职专业少，主要集中在金融服务业，缺少互联网金融、商检技术、知识产权管理、科技成果中介服务等优势专业，不能形成科技服务业专业集群。与科技服务对接的相关专业极少，无专业群，更没能形成专业体系
新一代信息技术	促进大数据、物联网、人工智能等新一代信息技术与先进装备制造、现代农业、旅游、现代物流的融合发展，全面推进软件和信息服务业，重点发展智能装备制造、智慧农业、电子商务、智慧旅游，促进大数据与云计算在各领域中的运用	本科：计算机科学与技术、计算机应用技术、电子信息工程技术、网络与新媒体、视觉传达设计 专业数/学生数：5/962 高职：计算机网络技术、软件技术、物联网应用技术、电子信息工程技术、数字媒体应用技术、计算机信息管理、计算机多媒体技术、移动互联应用技术、通信技术、楼宇智能化工程技术 专业数/学生数：10/1246 中职：计算机应用技术、计算机网络技术、计算机平面设计 专业数/学生数：3/358	已建有基础性的信息技术专业，但缺少物联网、云计算、大数据、移动互联、3D技术、人工智能等优势专业

续表

重点产业	重点产业发展定位	现有骨干专业及人才供给	存在问题分析
通用航空	促进关联产业与通用航空核心产业对接，在高新区发展通用航空关联的先进材料、机械制造、自动控制、特种加工、电子信息等一系列高科技产业。依托石河子航空园，开展通用航空服务、机务培训、通用航空运输服务、维修救援服务、销售服务、技术咨询服务等综合性服务，形成区域内的通用航空产业良性循环	本科：飞行器维修技术、空中乘务 专业数/学生数：2/52 高职：无 中职：无	本科专业少，飞行器维修技术专业只有19人，应用型人才供给不足除本科2个专业52个在校生外，高职、中职基本处于空白，建议发展民航运输、空中乘务、飞机机电设备维修、飞机电子设备维修、航空地面设备维修、通用航空器维修等专业，支撑产业发展
轨道交通	依托乌昌轻轨和26公里长的城市轻轨、265公里的城际轻轨计划，依托轨道交通，拉动昌吉州基础建筑领域和工程机械装备，带动运输服务、周边沿线物业、商贸流通业的发展；发展车辆制造和组装车体、转向架和其他零部件产业	本科：交通运输 专业数/学生数：1/30 高职：无 中职：无	本科专业少，高职、中职相关专业均处于空白建议相关职业院校的机电、电子、管理等专业结合轨道交通产业，分层次开始轨道交通车辆技术、城市轨道交通机电技术、城市轨道交通通信信号技术、城市轨道交通供配电技术、城市轨道交通工程技术、城市轨道交通运营管理等支撑产业发展的专业
生物科技	以西部农业研究中心为核心骨干，加大生物育种自主创新和产业的支持力度，重点推进优质丰产新品种选育和推广、棉秆资源生物深加工、传统酿造食品生物技术深加工，重点发展地产中药民族药创新药、生物制品、中药材精深加工	本科：无 高职：药品质量与安全专业、药品生产技术专业、中药生产与加工、中药民族药制药 专业数/学生数：4/364 中职：食品生物工艺 专业数/学生数：1/72	本科相关专业无，应用型人才供给不足中职、高职、本科缺少农业生物技术、药品生物技术、化工生物技术、生物产品检验检疫、生物智能应用技术等引领产业发展的核心专业，未能形成生物科技专业集群

续表

重点产业	重点产业发展定位	现有骨干专业及人才供给	存在问题分析
节能环保	以环保装备为重点,环境监测服务为特色,环境防治、治理解决方案为基础,实现全产业链发展,打造新疆环境"监测—防治—治理"三位一体综合示范区、中国环保服务及装备对中亚输出的重要窗口	本科:应用物理学 专业数/学生数:1/43 高职:环境工程技术 专业数/学生数:1/164 中职:无	本科、高职专业少,中职相关专业均处于空白。 职业院校缺少水环境监测与治理、环境监测与控制技术、农村环境保护、环境工程技术、污染修复与生态工程技术、清洁生产与减排技术、资源综合利用与管理技术等引领产业发展的核心专业
康养服务	建设一批医疗康养旅游服务机构和康养城,集医疗康复、中医民族医药、养生保健等为一体,提供"旅游+"医疗康体套餐、"旅游+"养生保健套餐等服务。鼓励有相应资质的医疗机构面向中亚俄罗斯市场提供针灸、推拿、按摩、药膳、养生等中医民族医药健康服务项目	本科:无 高职:老年服务与管理、民政管理、护理、助产、药学、中药学、医学检验技术、口腔医学技术、康复治疗技术 专业数/学生数:9/2153 中职:无	本科相关专业无 高职缺少中医康复技术、中医养生保健、心理咨询等相关的优势专业 中职缺少护理等相关专业

续表

重点产业	重点产业发展定位	现有骨干专业及人才供给	存在问题分析
煤电煤化工	重点发展煤炭、煤电、煤化工产业，建成我国重要的综合能源化工基地、跨区域产业升级转移示范区、煤炭深加工产业先进技术示范区、环境友好型能源化工基地和具有世界煤炭工业先进水平的新标杆	本科：（煤电）能源与动力工程 专业数/学生数：1/251 （煤化工）应用化学、化学工程与工艺、应用化工技术、工业分析技术 专业数/学生数：4/527 高职：（煤电）电力系统自动化技术、火电厂热能动力装置、供配电技术 专业数/学生数：3/926 （煤化工）无 中职：（煤电）矿山机电技术、发电厂及变电站电气设备、变配电设备运行与维护、发电厂及变电站电气设备安装与检修、煤炭综合利用 专业数/学生数：5/1511 （煤化工）化工工艺、化学工艺 专业数/学生数：2/248	本科煤电专业少，缺少智能电网等支撑产业发展的专业；本科煤化工缺少煤炭深加工与利用、高分子合成技术、精细化工技术、化工自动化技术等支持产业改造升级的专业 高职煤化工缺少煤化工分析与检验、煤化工技术、化工装备技术、化工自动化技术等专业
有色金属冶炼及深加工业	推动合金轻质高性能合金材料发展，重点发展高强高韧铝合金厚板、高耐蚀铝合金板材、航空铝材等高性能铝合金轻质合金材料与精深加工业，打造煤电铝、煤电化、铝精深加工产业链 建立电解铝期货、现货交易平台，提升有色金属尤其是铝就地转化率，建设具有国内外影响力的轻质铝合金生产加工基地，推进与"一带一路"中亚八国开展进出口贸易，促进有色金属精深加工业的交易量与附加值	本科：应用物理学、物理学、材料物理、材料成型及控制工程 专业数/学生数：4/325 高职：无 中职：无	本科、高职专业少，缺少有色冶金设备应用技术、硅材料制备技术、复合材料工程技术等支撑产业发展的核心专业，未能形成有色金属冶炼及深加工专业集群。应用型、技术技能型人才供给严重不足

7.3.2 乌昌石城市群技术技能人才的竞合关系

天山北坡经济带"乌昌石一体化"城市群中，三地的高层次技能人才培养总体上错位发展、各具特色，如新疆大学以资源与环境工程、机械工程、电气工程等学科为优势，昌吉学院以化学工程、材料工程、能源与动力工程等学科为优势，石河子大学以农业工程、畜牧业、农林经管为优势，对昌吉州重点产业发展所需的高层次技术技能人才有所支撑，但依然不足（表7-3）。

表7-3 职业教育对重点产业的人才供给情况汇总

重点产业	优势/特色专业名称	精品、品牌、特色、重点及紧缺专业	乌鲁木齐市、昌吉州、石河子市区域高等院校	竞合关系
先进装备制造	机械制造及自动化	自治区重点专业	新疆大学	乌鲁木齐、石河子市高等院校的学科专业具有明显优势，专业、学生数量较多。昌吉州高等院校加快发展与智能制造紧密相关的学科专业。三地每年本、专科毕业生2500人，还不能满足产业需求，尤其是昌吉州
	电力系统及自动化	自治区重点专业		
	结构工程	自治区重点专业		
	生产过程自动化	自治区特色专业	新疆工程学院	
	工业设计	中央财政专项资金支持		
	生产过程自动化	国家重点培育专业	新疆轻工职业技术学院	
	汽车运用技术	自治区特色专业	新疆交通职业技术学院	
	汽车电子技术	自治区特色专业		
	机电一体化技术	国家重点建设专业	新疆农业职业技术学院	
	机电一体化技术	中央财政支持提升专业服务能力建设专业	昌吉职业技术学院	
	机械制造与自动化	自治区重点专业		
	机电设备维修与管理	自治区特色专业		
	农业机械化工程	自治区重点学科	石河子大学	
	农业机械化及自动化	国家特色专业		
	农业机械应用技术	中央财政重点建设专业	石河子职业技术学院	

续表

重点产业	优势/特色专业名称	精品、品牌、特色、重点及紧缺专业	乌鲁木齐市、昌吉州、石河子市区域高等院校	竞合关系
农产品精深加工	纺织工程	自治区重点专业	新疆大学	乌鲁木齐、石河子市高等院校的学科专业具有明显优势，学生数量较多。昌吉州高等院校加快发展与智慧农业紧密相关的学科专业。三地每年本、专科毕业生1500人，基本能满足产业发展需求
	食品科学	国家部委重点专业	新疆农业大学	
	食品营养与检测	国家精品专业	新疆轻工职业技术学院	
	食品加工技术	国家重点建设专业	新疆农业职业技术学院	
	农产品加工与质量检测	自治区特色专业		
	畜牧学	自治区重点学科	石河子大学	
	园艺学	自治区重点学科		
	食品加工技术	中央财政重点建设专业	石河子职业技术学院	
旅游	旅游管理	自治区重点专业	新疆师范大学	乌鲁木齐市高等院校的学科专业具有一定优势。昌吉州高等院校加快发展与旅游电商紧密相关的专业。三地每年本、专科毕业生500人，不能满足产业需求，尤其是昌吉州
	旅游管理	中央财政提升专业服务产业能力建设专业	新疆应用职业技术学院	
现代物流	物流管理	中央财政重点建设专业	乌鲁木齐职业大学	乌鲁木齐市高等院校的专业具有一定优势。昌吉州高等院校加快发展与现代物流紧密相关的学科专业。三地每年专科毕业生300人，不能满足产业需求，尤其是昌吉州
	物流管理	江苏对口支援重点建设专业	新疆应用职业技术学院	

续表

重点产业	优势/特色专业名称	精品、品牌、特色、重点及紧缺专业	乌鲁木齐市、昌吉州、石河子市区域高等院校	竞合关系
科技服务	农业经济管理	自治区重点学科	新疆农业大学	乌鲁木齐、石河子市高等院校的专业具有一定优势。昌吉州高等院校加快发展与科技金融、成果转化、知识产权紧密相关的学科专业。三地每年本、专科毕业生400人，不能满足产业需求，尤其是昌吉州
	区域经济学	自治区优先发展学科	新疆师范大学	
	会计与审计	自治区特色专业	新疆农业职业技术学院	
	农业经济管理	国家重点学科	石河子大学	
	预防兽医学	自治区重点学科		
	金融学	国家特色专业、自治区重点	新疆财经大学	
	统计学	国家特色专业、自治区重点		
	工商管理	国家特色专业		
煤电煤化工	矿产普查与勘探	自治区重点专业	新疆大学	煤电煤化工被列为自治区人才紧缺行业。乌鲁木齐市、昌吉州高等院校的学科专业具有明显优势。昌吉州高等院校应加快发展研究生、本科教育，培养煤化工无机新材料高层次人才。三地每年本、专科毕业生2000人，不能满足产业需求，尤其是昌吉州
	电力系统及自动化	自治区重点专业		
	应用化学	自治区重点专业		
	煤矿开采技术	国家精品、自治区特色和紧缺人才专业	新疆工程学院	
	矿山机电	自治区特色、自治区紧缺人才专业		
	矿井通风与安全	自治区紧缺人才专业		
	煤化工生产技术	自治区紧缺人才专业		
	选矿技术	中央财政专项资金支持		

续表

重点产业	优势/特色专业名称	精品、品牌、特色、重点及紧缺专业	乌鲁木齐市、昌吉州、石河子市区域高等院校	竞合关系
煤电煤化工	煤矿开采技术	自治区紧缺人才专业	新疆工业高等专科学校	
	矿山机电	自治区紧缺人才专业		
	矿井通风与安全	自治区紧缺人才专业		
	矿山地质	自治区紧缺人才专业		
	应用化工技术	国家重点培育专业、自治区特色专业	新疆轻工职业技术学院	
	能源与动力工程	自治区重点专业	昌吉学院	
	热能动力设备与应用	自治区重点专业	昌吉职业技术学院	
	矿山机电技术	自治区紧缺专业		
	电力系统自动化技术	自治区特色专业		
	电气自动化技术	自治区特色专业		
	应用化学	自治区重点学科	石河子大学	
	化学工程与技术	自治区重点学科		
有色金属冶炼及深加工	凝聚态物理	自治区重点专业	新疆大学	乌鲁木齐市高等院校的学科专业具有一定优势。昌吉州高等院校应加快发展与镁铝合金新材料紧密相关的学科专业，培养一批技能人才。三地每年本、专科毕业生200人，远不能满足产业需求，尤其是昌吉州
	物理	自治区重点专业		

续表

重点产业	优势/特色专业名称	精品、品牌、特色、重点及紧缺专业	乌鲁木齐市、昌吉州、石河子市区域高等院校	竞合关系
新一代信息技术	计算机应用技术	自治区重点专业	新疆大学	乌鲁木齐市高等院校的学科专业具有一定优势。昌吉州高等院校应大力发展与"云物移大智"紧密相关的学科专业，促进三大产业融合发展，培养一大批信息技术人才。三地每年本、专科毕业生1500人，远不能满足产业需求，尤其是昌吉州
	通信与信息	自治区重点专业		
	软件技术	国家教学改革试点专业	乌鲁木齐职业大学	
	计算机科学与技术	自治区重点专业	昌吉学院	
	软件技术	国家紧缺专业	新疆农业职业技术学院	
	计算机网络技术	自治区特色专业		
通用航空	—	—	—	昌吉州高等院校加快发展与通用航空紧密相关的学科专业，尤其是昌吉市、奇台县、玛纳斯县
轨道交通	道路桥梁工程技术	自治区特色专业	新疆交通职业技术学院	昌吉州加快发展与轨道交通紧密相关的学科专业，尤其是昌吉市
生物科技	作物遗传育种	国家部委重点专业	新疆农业大学	乌鲁木齐、石河子市高等院校的学科专业具有一定优势。昌吉州高等院校应加快发展与生物科技紧密相关的学科专业。三地每年本、专科毕业生700人，不能满足产业需求，尤其是昌吉州
	病原生物学	自治区重点专业	新疆医科大学	
	生药学	自治区重点专业		
	动物防疫与检疫	教育部重点专业	新疆农业职业技术学院	
	生物技术及应用	自治区特色专业		
	生物化学与分子生物学	自治区重点学科	石河子大学	

续表

重点产业	优势/特色专业名称	精品、品牌、特色、重点及紧缺专业	乌鲁木齐市、昌吉州、石河子市区域高等院校	竞合关系
康养产业	中医络病学	国家中医药管理局重点学科	新疆医科大学	昌吉州高等院校的专业具有明显优势。加快建设康养服务专业群,培养一批技术技能人才。三地每年本、专科毕业生500人,不能满足产业需求,尤其是昌吉州
	临床中医学	国家中医药管理局重点学科		
	中医老年病学	国家中医药管理局重点学科		
	药学	国家重点专业、自治区精品专业	昌吉职业技术学院	
	医学检验技术	国家重点专业、自治区精品专业		
	护理	自治区精品专业		
环境保护	人口、资源与环境经济学	国家重点专业	新疆大学	乌鲁木齐市高等院校的学科专业具有明显优势。昌吉州高等院校加快发展与环境保护紧密相关的学科专业,培养一批应用型人才。三地每年本、专科毕业生400人,远不能满足产业需求,尤其是昌吉州
	生态学	自治区重点专业		
	水文学及水资源	国家部委重点专业	新疆农业大学	
	土壤学	自治区重点专业		
	土地资源管理	自治区重点专业		
	水利工程	国家重点专业、自治区特色专业	新疆农业职业技术学院	

7.4 昌吉州职业教育专业建设与产业转型升级融合现状

7.4.1 昌吉州职业教育专业建设与产业转型升级融合定位

(1)顶层设计,职业教育事业跨越发展

昌吉州将现代职业教育摆在突出位置,将其纳入党委和政府的重要工作议程,加强统筹规划,落实国家、自治区政府颁布的相关政策措施,并针对昌吉州的职教现状先后出台《昌吉回族自治州现代职业教育发展规划

(2016—2020年)》《自治州促进职业教育联盟发展指导意见的通知》《关于创建教育强州工作的指导意见》《关于切实加强职业教育工作的意见》《关于加快推进自治州教育事业跨越式发展的意见》等一系列政策文件,加大投入力度,推动体系建设,从宏观层面进行制度设计,为现代职业教育的发展描绘了蓝图,为提高职教育服务经济社会发展的能力提供了有力支撑。

(2) 科学谋划,职业院校建设成效显著

各职业院校抢抓机遇,争取国家、自治区建设项目和援疆资金,大力开展国家自治区改革发展示范校建设项目、产教融合项目、中高职标准化建设项目和质量提升项目建设,职业院校的占地、校舍、实训设施、教学仪器设备等办学基础条件多数达到国家合格或优秀标准。目前,昌吉州职业院校总用地面积达583.3万平方米(约8748.6亩),职业教育教学仪器设备总值约3亿元,拥有校内实训基地346个,校外实训基地490个,建有国家首批示范性高等职业院校1所、自治区示范性高等职业院校1所、全国重点建设职教师资培养培训基地1个、全国高校毕业生就业典型经验高校1所、全国实践育人创新创业基地1个、国家高技能人才培训基地1个、国家级校内实训基地3个、国家级精品课程3门、国家级精品资源共享课程3门、省级精品课程32门、国家级教学团队3个、省级教学团队8个,国家教学成果奖2项。

(3) 规范创新,现代职业教育体系初步形成

全面推进"中高职本"一体化现代职业教育体系建设,初步形成了以高等职业教育(含本科)为引领、以中等职业教育为主体、以职业技能培训为支撑,以企业内训、乡镇农牧民文化技术培训为补充的现代职业教育体系。聚焦重点产业不断调整专业设置与专业结构,初步形成了国家重点专业、自治区重点专业、自治区特色专业、自治区精品专业的梯队式架构体系。职业院校设置的专业总数达到139个,具体包括法学、教育学、文学、理学、经济学、工学、管理学等9个学科门类,新增能源与动力工程、化学工程与工艺、自动化等理工科专业,涵盖了农林牧渔、资源环境与安全、能源动力与材料、装备制造、医药卫生、生物与化工等18个专业大类。

(4) 聚焦融合,校企合作特色不断彰显

昌吉州积极构建以政府主导、行业参与、校企深度融合的职教联盟与四大职教集团,职教联盟目前已连接了新疆内外890多家企业、16家行

业协会、10多家科研院所、17家大中专院校，推动区域内职业院校与行业或企业的要素资源共享、共赢，比如职业院校与特变电工、蓝山屯河、国泰新华、浙江大华、东方希望等200多家著名企业建立紧密型合作关系，重点推进订单培养、现代学徒制培养、劳模进校园、技能大师工作室、"校中厂""厂中校"等项目的实施。成立了新疆天业节水农业工程学院、移动信息学院、昌吉职业技术学院新疆特变学院、准东学院、新疆制药工程学院等多个企业学院。

（5）搭建平台，科技创新能力不断提升

以"国家创新型试点城市"建设为契机，昌吉州职业院校牵头成立了四大职教集团：煤电煤化工职教集团、现代农业职教集团、先进装备制造业职教集团、现代服务业职教集团；创建了西域文化研究所、经济管理研究所、计算机应用研究所、环境科学研究所等9个研究机构。另外，获批为"教育部—中兴通讯ICT产教融合创新基地"，立项自治区科技支疆项目、自治区高校科研计划青年教师科研启动基金项目等10余项，授权国家发明专利10余项，科技创新能力与水平不断提升。

7.4.2 昌吉州职业院校专业建设与重点产业转型升级交互融合现状

职业教育是技术技能人才培养的供给侧，重点产业是技术技能人才应用的需求侧。近年来，昌吉州确立了"职业教育既是就业教育、也是产业教育"的产教协同发展新思路，遵循"办学跟着就业走，专业跟着产业走，课程跟着岗位走，人才培养目标跟着社会稳定和长治久安总目标走"的理念，探索出职业教育专业人才培育的特色路径，建立由政府部门、职业院校、行业或企业、科研机构等多元主体参与的有机体，并从主体、空间、要素、结构等方面推进昌吉州专业—产业交互融合的进程。

（1）两个子系统的主体融合现状

职业院校与行业或企业都是职业教育的主体，须在专业人才培育中发挥主体作用。近年来，校企双方也开展了诸如"订单培养""二元制""三递进""教产一体""工学交替"等多种形式的实践探索，成立了职教联盟和四大职教集团，职业院校与合作企业成立企业学院8个、工程研究中心6个、研究所9个、生产性实训基地（实验室）5个、"校中厂"5个、"技能大师工作室"23个（国家级2个、自治区级4个、州级17个）和高技能人才培养基地6个（国家级2个、自治区级4个）。州内职业院校制定院校专任教师企业实践、学生企业顶岗实践制度，校企合作开发课程26门，编写教材20多本，昌吉州职业教育校企合作模式如表7-4所示。

然而，企业与职业院校专业建设合作关系上，形式重于内容，企业真正参与专业人才培育的实施机制尚未形成；公共就业技能培训基地、技能人才培训基地缺乏；现有职教联盟的机制不活、约束力不强、内部共生性较弱，专业化职教集团数量偏少；社会培训、社区教育比较薄弱。

表7-4　昌吉州职业教育校企合作模式

职业院校	校企合作模式
昌吉学院	多元制（二元制、现代学徒制）
新疆农业职业技术院	对准产业设专业、对准岗位设课程、"4+0""3+2"
昌吉职业技术学院	订单培养、二元制、现代学徒制
阜康中职校	订单培养、三递进、教产一体、三融合、工学交替、两循环
奇台中职校	现代学徒制、"3+2"
呼图壁中职校	企业冠名、订单培养、"五合一"
玛纳斯中职校	"3+2"
吉木萨尔中职校	现代学徒制
木垒职教中心	一专多能

（2）两个子系统的要素融合现状

① 专业设置。对照《普通高等学校高等职业教育（专科）专业目录（2015年）》，昌吉州职业院校所开设的专业中涉及一级专业大类18个、二级专业类目49个、三级专业类目139个，覆盖率分别为94.7%、49.5%、18.6%，其中，专业数排名前五位的专业大类依次为教育与体育类、装备制造类、农林牧渔类、电子信息类、财经商贸类，具体情况如表7-5所示。从昌吉州职业院校的专业设置情况可以发现，其专业集聚度不够高，说明专业集群的效益难以凸显；每个院校所开设的专业数量较少，每个专业招生人数也偏少，部分中职院校的专业人数仅有十几个，这也说明昌吉州的专业建设效益不尽理想。此外，昌吉州的重点特色专业主要集中在农牧业、能源电力电气、机电机械，专业面窄，与昌吉州优势特色产业、战略新兴产业的匹配度低。

表 7-5　昌吉州职业院校专业设置情况

专业大类	开设学校数	开设专业数	校均开设专业数	平均专业人数
财经商贸大类	5	12	2.4	226
电子信息大类	7	13	1.9	183
公共管理与服务大类	3	3	1.0	97
交通运输大类	1	3	3.0	27
教育与体育大类	6	23	3.8	238
金融服务	1	3	3.0	287
旅游大类	5	5	1.0	272
能源动力与材料大类	4	10	2.5	283
农林牧渔大类	4	13	3.3	238
生物与化工大类	5	7	1.4	121
食品药品与粮食大类	1	4	4.0	197
土木建筑大类	2	7	3.5	201
水利大类	1	1	1.0	406
文化艺术大类	1	3	3.0	120
新闻传播大类	1	2	2.0	68
医药卫生大类	1	7	7.0	290
装备制造大类	8	20	2.5	292
资源环境与安全大类	2	3	1.5	63

② 师资队伍。2018 年，昌吉州职业院校教职工总数 2203 人，其中专任教师 1632 名，"双师型"教师 788 名，"双师型"教师占比 48.3%，州属职业院校的企业兼职教师只有 76 名。以上数据表明，昌吉州的职业院校"双师型"教师比重偏低，企业技术骨干到职业院校兼任教师的数量偏少。

③ 招生规模。近年来，昌吉州职业院校每年招生数量约为 1.25 万人，毕业生在昌吉州域平均就业比例为 73%，每年约有 9000 人就业创业。2018 年，昌吉州职业院校招生 13942 人，在校生 42194 人，毕业生 11100 人，招生人数排名前五位的专业依次为装备制造类、教育与体育

类、农林牧类、能源动力与材料类、财经商贸类。由此可见，昌吉州职业院校的招生规模、专业方向与当地的产业发展结构和方向吻合度不够高，同时，随着初中、高中生源的逐年减少，生源问题成为影响昌吉州产业发展劳动力再生产的一个重要因素。

④ 经费投入。昌吉州党委、政府十分重视职业教育，不断加大对职业教育经费投入。目前，昌吉州职业教育建设每年会投入 2 亿元经费，主要用于职业院校的专业建设、实验实训基地与基础设施等建设，这在很大程度上促进了地区职业教育的快速发展。但相对于昌吉州重点产业转型升级对高技术技能人才的迫切要求，经费投入仍显不足。

（3）两个子系统的结构融合现状

从昌吉州现有的校企合作、专业—产业交互进程可知，订单培养、二元制、工学交替、中高职衔接、高本衔接等现代职业人才培养模式逐步成熟，但从昌吉州产业链与教育链的适配性来看（表7-6），目前昌吉州职业教育的专业设置与昌吉州重点产业的发展战略还不够匹配，表现在昌吉州职业院校的专业设置、专业结构、专业规模、学生就业专业对口率还不能满足当地产业发展的实际需求，即每个专业大类下属的专业开设数量相对较少，不足以应对昌吉州重点产业转型升级对人才的迫切需求。另外，部分专业比较陈旧，新增专业不多，其人才培育的层次、类型、规模及结构与行业或企业的真实需求的契合度较低，与战略性新兴产业的关联度则更低。

表 7-6 昌吉州产业链、教育链、就业链对接情况汇总

序号	产业链		教育链		就业链	
	重点产业	标志企业	职业院校	标志专业	高校学生就业人数	中职学生就业人数
1	先进装备制造	特变电工	昌吉职业技术学院	电气自动化技术、机械制造与自动化、智能控制技术	600人/年	200人/年
2	农产品精深加工	麦趣尔集团	新疆农业职业技术学院	农产品加工与质量检测	500人/年	200人/年
3	旅游	杜氏旅游	昌吉职业技术学院 阜康中等职业技术学校	旅游管理、酒店管理	300人/年	150人/年

续表

序号	产业链		教育链		就业链	
	重点产业	标志企业	职业院校	标志专业	高校学生就业人数	中职学生就业人数
4	现代物流	中疆物流 新疆顺丰速运	新疆农业职业技术学院 昌吉职业技术学院	现代物流、物流管理	250人/年	100人/年
5	科技服务	中国人保	昌吉职业技术学院	金融管理、投资与理财	100人/年	—
6	煤化工	神华中石化	昌吉学院 昌吉职业技术学院	化学工程与工艺、化工工艺	200人/年	100人/年
7	有色金属	东方希望	昌吉学院	材料成型及控制工程	100人/年	50人/年
8	新一代信息技术	中国联通新疆分公司	昌吉职业技术学院	移动互联应用技术、电子信息工程技术、计算机网络技术	300人/年	100人/年
9	通用航空	新疆航空公司	昌吉学院	飞行器维修技术、空中乘务（航空服务）	100人/年	—
10	轨道交通	乌鲁木齐城市轨道集团	昌吉学院 昌吉职业技术学院	交通运输	100人/年	100人/年
11	生物科技	新疆中药民族药研究所	昌吉职业技术学院	中药栽培、中药民族药研发	100人/年	—
12	康养产业	老年病医院、董景福乐老年公寓、规模医药连锁企业	昌吉职业技术学院	护理、药学、助产、康复治疗技术等	1000人/年	300人/年
13	节能环保	新疆屯河节水公司	新疆农业职业技术学院	环境工程技术	150人/年	—

(4) 两个子系统的空间融合现状

昌吉州所辖两市、五县、三个国家级园区，总体布局有 9 所院校（图 7-1），其中，昌吉市有 3 所（2 所高职、1 所本科），较为聚集，主要开设装备制造、煤电煤化工、现代农业、电气自动化、康养服务、现代物流等专业，具有较强的产业服务能力。其他市县各 1 所职业中专，中职校平均开设 6.4 个专业，在校生平均有 1000 人，中等职业教育服务产业能力较弱。

2012 年成立的准东国家经济技术开发区，已初步形成煤炭、煤电、煤电冶、煤化工、新材料、新能源等六大重点产业，辐射一批配套产业并已形成一定的规模。截至目前，累计完成投资超过 2100 亿元，产业主体地位逐步加强，重点产业在全州占比 30%，未来将达到 50% 以上。目前，准东开发区入驻各类企业 500 多家，规模及以上企业 30 家，企业员工 8 万多人（2020 年，预计居住人口将达到 24 万人），70% 来自外地，其中本科以上学历占比 8.5%，大专学历占比 16.7%，大专以下学历占比 74.8%；企业高端领军型人才总体较少，产业工人数量和结构不能满足产业经济发展速度，初级技能人才约占企业职工总数的 10.91%，中级技能人才约占企业职工总数的 3.61%，高级技能人才约占企业职工总数的 2%，产业技术工人结构严重失调。目前，准东国家经济技术开发区尚没有职业院校布局，是职业教育的空白区域。

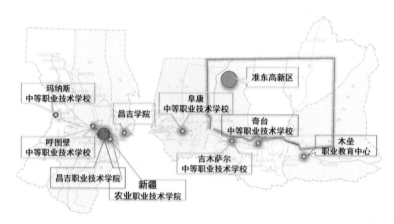

图 7-1　昌吉州职业院校的空间布局

7.5 本章小结

本章将昌吉州的职业院校专业建设与产业转型升级的交互融合情况作为典型案例，通过对昌吉州重点产业、职业院校的系统梳理，概括昌吉州重点产业转型升级进程中对技术技能人才在层次、结构、数量上的需求现状，昌吉州职业院校各类专业的技术技能人才培育与供给情况，并从主体融合、要素融合、结构融合、空间融合等四个维度分析昌吉州专业—产业的交互融合现状，以点带面，为系统解析丝绸之路经济带核心区新疆的专业—产业整体交互融合现状、诊断存在的问题和成因奠定可靠基础。

8 丝绸之路经济带核心区高职专业建设与产业转型升级融合的问题与成因

高职教育作为高等教育的重要组成部分,其中宏观层面的核心要素主要包括社会、教育者和受教育者,微观层面的核心要素则聚焦于产业、专业和学业等三个方面,如图 8-1 所示,这"三业"间构成了交互作用的关系体,以"高技术技能人才"为中心,通过"专业"育人、"学业"成人、"行业"用人,将高职院校与行业或企业衔接起来,并通过三者的交互作用,推进人才培育规模、结构、质量与产业转型升级需求的适配度。

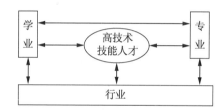

图 8-1 基于人才培育的"三业"教育关系

由图 8-2 的横向结构来看,"三业"被进一步细化为一个有机联系、环环相扣的体系,呈现出一定的"链"状结构;从纵向结构来看,"三业"的"系统链"间又密切相连。由于产业的系统分化,产业转型升级中具体的产业流程所需要的人才,以及技术的专门性和特定性,是高职院校专业设置、专业培养的方向,由此形成相对应的"专业 1"系统。同样,承担学业职能的专业课程系统,其专业理论和专业实践的核心课程架构,取决于行业和专业的特定要求,与"产业 1""专业 1"及"课程设置 1"相辅相成,反映了高职专业链和产业链间的相互衔接与交互融合关系。

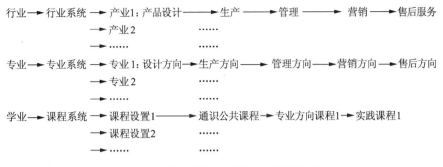

图 8-2 专业链与产业链交互融通关系

在对丝绸之路经济带核心区新疆的高职专业建设与产业转型升级交互融合的实证分析中发现，院校、企业、行业等主体正在不断探索专业—产业交互融合的新模式、新方法、新路径，并且不断向纵深方向发展。然而，由于这两个子系统分属不同领域，在融合互动中还存在专业设置与产业转型升级结构适配度不够高、规模数量对接不精准、融合模式单一、合作深度不够等问题，须进一步挖掘产生这些问题的根源，为精准制定两个子系统融合互动的应对措施提供依据。

8.1 丝绸之路经济带核心区高职专业建设与产业转型升级融合中的问题

8.1.1 高职专业结构与产业转型升级结构适配度不够高

从高职专业建设与产业转型升级的耦合协调度水平来看，两个子系统在新疆维吾尔自治区整体的融合水平不够高，主要表现在两者的结构适配度不尽理想。从当下丝绸之路经济带核心区各州市产业转型升级的情况来看，当前正对煤、石油等传统自然资源的重工产业进行重大技术改造、提质增效，同时提出大力发展第三产业。然而，从核心区高职院校的性质与专业设置情况来看，占比高达 70% 的院校以工科为主，从高职院校专业设置及重点专业建设情况来看，以钢铁冶炼、金属压力加工、电气技术应用、机电技术应用等适配重工产业发展的专业结构为主，这说明这些院校的专业结构还比较陈旧，每年新增的专业不多，尤其是与战略性新兴产业的关联度较低。这就造成了核心区高职院校的专业结构与产业转型升级的结构契合度和适配度不够理想。此外，在核心区各州市的重点产业转型升级进程中，不少高职院校专业大类下开设的专业数量较少，难以构成支撑区域产业转型升级的专业集群。另外，在部分亟需大量产业转型升级人才的产业基地，如昌吉州的准东地区，高职院校未能覆盖。

8.1.2 高职专业建设与区域产业转型升级的数量匹配度不够好

丝绸之路经济带核心区各州市在产业转型升级中，对高技术技能人才的需求量大大超过高职院校专业培养的人才数量。从本次调研结果来看，一方面，核心区各州市的高职院校一方面存在生源不足的问题，导致部分专业的毕业生人数较少，难以满足区域产业转型升级的需求；另一方面，虽然部分国家示范、自治区示范院校保证了生源数量，但是从毕业生的毕业走向来看，不少自治区本地生源更愿意留在经济发展水平较高的城市，而对于新疆本土而言，超过50%的学生愿意留在乌鲁木齐等经济发展水平较高地区，而一些经济发展水平不够高的州市则很难留住人才，即人才的流失率比较高，这进一步加重了两个子系统在数量上的匹配度问题。

8.1.3 专业与产业融合的模式较为单一，合作内容不够丰富

高职院校要系统发挥人才培养、技术创新、社会服务等功能，就必须与区域内的行业或企业密切结合，与区域社会经济发展良性互动，行业、企业作为不可或缺的主体将参与高职专业建设的全过程，而企业参与高职专业建设的深度直接决定着高职育人的质量与水平。然而，从本次核心区各州市企业参与高职专业建设的调研情况来看，目前还处于初级阶段，校企主体的交互形式聚焦于共建实验实训基地、实习基地，探索订单培养模式，开展工学交替组织形式等，在部分转型升级速度较快的区域，一些高职院校探索了引企入校建"校中厂"或引校入企建"厂中校"的新模式，但在如何依托这些建设项目推进专业人才培育的精准度、有效性方面尚无切实可行的举措，由此也说明核心区各州市高职专业建设与产业转型升级融合的模式较为单一，合作内容浮于表面，合作范围较为狭窄，合作深度不够。

8.1.4 行业或企业参与高职专业建设的主动性不够强

高职专业建设子系统与区域产业转型升级子系统在各自系统中分工明确，即企业以生产功能为主，而院校以育人功能为主，两者界限分明，在行业竞争日益激烈的情况下，不少企业参与高职专业建设的热情不高，缺乏动力，即接受国家政策规定参与高职院校的专业建设，但多半是浅尝辄止，主动参与建设的意愿不高，不愿与院校开展深度合作。另外，从本次调研结果来看，有些企业虽然愿意为学生提供顶岗实习机会，但由于现有

技能水平与能力有限，岗位实操结束后能留岗就职的毕业生数量又少，企业参与高职专业建设的投入、产出不成正比，反而给企业生产运营带来了不少安全隐患，难以实现参与主体的互利共赢。当然，校企双方本身存在的文化差异，也是当下不少行业或企业不愿意参与高职专业建设的主要原因。

8.2 丝绸之路经济带核心区高职专业建设与产业转型升级融合问题的成因

针对丝绸之路经济带核心区新疆高职专业建设和产业转型升级两个子系统在交互融合中存在的问题，本研究从法律制度不尽完善、行业指导缺失、企业主体缺位、协同育人机制不健全、绩效考评体系不完善等方面解释问题产生的成因。

8.2.1 高职专业建设与产业转型升级融合的法律法规不尽完善

虽然政府部门自2014年起陆续颁布了系列助推产教融合、校企合作的文件，强调了职业教育发展中落实产教深度融合的重要性，然而，这些文件都仅仅停留于政策层面，缺乏刚性的约束机制；并且，由于政府部门所颁布的政策从内容上来看较为宏观，在具体的产教深度融合、专业与产业交互融合中缺乏详尽的规制举措，难以规范行业或企业参与高职专业人才培养方案制定、课程体系架构、实验实训基地搭建、课堂教学与实践指导等专业建设行为，校企间更深层次的融合难以体现。

首先，政府对如何推动两个子系统交互融合的认识与定位不够清晰。在两个子系统的融合中，政府作为其中的利益相关者，是必不可少的协调机构，发挥的是组织协调作用。然而，由于政府部门对产教融合、专业与产业融合缺少探索和经验积累，政府在两个子系统交互融合中的协调水平有待提升。同时，传统职业教育制度偏重院校自身发展而忽视对区域产业经济的服务质量与水平，导致高职院校在认知上还存在诸多误区，对产教融合、专业与产业融合还缺乏共识。

其次，落实专业—产业交互融合的法律制度、管理制度不尽完善。尽管国家出台了职业教育产教融合政策，但并未详细规定各组织机构的具体职责内容，亟须通过具体的法律法规或制度确定院校、行业、企业及其他参与主体在交互融合中的分工、职责、要求与价值，并监督专业与产业融合的相关法律法规或制度的落实情况。在相关法律法规或制度不尽完美的情况下，在实施产教融合政策时主体、客体时有颠倒情况发生，多元参与主体的职责分工不够明晰。此外，核心区各州市的高职院校，如新疆农业职业技术学院在多年的校企合作、产教融合尝试中已经积累了丰富的发展经验，但尚未建立一套完整的权威性的指导性手册，以明确企业参与高职院校人才培养的具体要求，指出在高职院校专业建设中企业可以享受哪些方面的权利，需要承担哪些义务。正是法律、制度及政策上的迟滞性，使得产教深度融合、专业—产业的深入融合水平不尽理想，两个子系统难以达成交互融合协同共赢的目标。

8.2.2 企业的育人主体地位与作用尚未完全发挥

企业在高职专业建设与区域产业转型升级的融合互动中处于主体地位，是高职教育和未来员工培养的主体，但由于当下高职教育的市场治理结构发展还处于初级阶段，企业参与高职院校治理的意愿不是很强，所具备的条件也不够成熟，参与治理的内驱力不足，这在较大程度上影响了产教融合、专业与产业融合的成效。

首先，企业缺乏参与高职专业建设的战略发展理念。企业属于经济发展领域，以追求经济效益的最大化为宗旨，由于其参与高职院校的专业设置及调整论证、岗位工作任务分析、人才培养方案制订、课程体系架构、课程开发建设、课堂教学所获得的经济效益往往不显著，尤其是还需要不断投入，这就导致企业往往缺乏积极主动性，社会责任意识不够强烈。由本次丝绸之路经济带核心区新疆的高职专业建设与企业转型升级融合互动现状的调研结果可知，其开展产教融合、校企合作多是基于个人感情，并非主观认同其社会责任与制度要求，因而，当大多数的专业与产业融合关系的建立与维系主要依赖于人脉关系和信誉时，这种合作往往是短期的、不规范的、难以持久的低层次合作，难以形成自觉的整体行动，两者融合的成效自然也就参差不齐。

其次，企业缺乏参与高职专业建设与区域产业转型升级融合的驱动力。企业的宗旨是盈利，利润最大化是其追求的终极目标。受这一理念驱使，行业或企业在选择合作对象时往往以企业提供直接利益的程度作为标准，尤其在短期利益驱动下，其愿意参与高职专业建设、协同育人的意愿度不高，即使部分企业选择了一些研发能力强、人才培养水平高，能够为其带来直接经济效益的老牌院校合作，但由于这两个子系统各自的理念与目的相左，利益相悖，又缺乏协同的约束机制，校企双方即使勉强合作也难以取得良好的成效。同时，高职专业建设、人才培育需要消耗大量的人、财、物等要素资源,这就使得不少企业并不愿意将人才培养纳入自身的产业价值链体系。企业参与高职专业建设、人才培育并非"免费",须向学校提供设备、资金、场地等,并安排人员授课或开设讲座,这将耗费企业大量的人、财、物等资源,实际上,企业更愿意将这些资源投入企业的实际生产与运营,以获得更多的经济利益。另外,当下的产教融合模式仍然以高职院校为中心,企业并未获得协同治理的权力与利益,这也导致企业参与的积极性不够高。

再次,参与高职院校治理的企业所获得的优惠待遇不够显著,大多数合作企业未享受到减税、免税的待遇。虽然国务院发布的《中华人民共和国企业所得税法实施条例》第五十三条明确规定,企业不超过年度利润总额12%部分的公益性捐赠支出享受予以扣除的待遇,但是,在调研中也发现,多数参与企业并不知道这项优惠或没有申请减免税收的优惠,高职院校的学校管理者也不清楚减免税收政策,因而,无法以此点激励企业参与高职院校的专业建设。而导致这一问题的原因在于,一方面可能一些访谈企业不了解减免税收的政策,或不了解公司财务或减免税收情况;另一方面则可能是因为减免税收政策在具体的操作与实施过程中宣传不到位或存在操作困难。上述情况导致多元主体在融合互动中的要素、资源整合力度不强,企业多处于被动状态,不少专业与产业融合互动的活动仍流于表面,融合深度不够。

最后,企业对产业转型升级所需的高技术技能人才的数量与质量认知不清晰。以重工产业为主的新疆目前正在大力推进产业的转型升级,尤其强调绿色能源、节能减排等的转动能、调结构,但不少企业仍属于劳动密集型产业范畴,对于产业转型升级所需的高技术技能人才的需求数量与质量认知不够清晰;并且,由于相应企业的职业准入、职业资格证书与人才培养的关联性不够密切,缺乏职业规范与标准,企业在参与高职专业建设的过程中往往缺乏思路,较大影响了两个子系统的融合成效。这种情况不仅出现在大企业中,也出现在小企业中。如不少发展较为成熟且资金雄厚的企业,其参与高职专业建设的主要目的一般都是为了提升企业的知名度与美誉度,而开展专业建设并不是其初衷,因而其参与建设的主动性、积极性不够高;而中小企业本身运营资金存在一定压力,往往只有在需要招聘人才的时候才会关注高职教育,平时也不够重视人力资源的储备,未将更多的精力和财力投放在两者的交互融合活动中。此外,虽然不少实力雄厚的大型企业愿意为学生提供顶岗实习的机会,但由于现有技术能力本身的局限性，学生在经过岗位实训、实习后留岗就职的人数较少，企业参与高职专业建设的投入与收益难成正比，有时反而给其生产运营带来安全隐患，很难实现参与主体的共生共赢。

8.2.3 高职院校与行业或企业协同治理的条件尚不具备

要推进高职专业建设子系统与区域产业转型升级子系统的交互融合，从参与主体视角来看，一方面应赋予行业、企业等参与主体在治理中的权力与职责，另一方面则应探寻两者协同治理的焦点，即寻找协同共赢、优势互补的着力点，但从当下的校企协同参与专业建设治理的情况来看，还存在目标不明确、体系不健全、焦点不突出等问题。

首先，校企协同治理缺乏明确的规范与标准，影响两者融合的目标。规范、标准是推进高职专业建设与产业转型升级交互融合的基础，也是多元参与主体综合利用各自资源与优势，实现互利共赢的前提。产教融合做得好的发达国家首先做的就是确定标准，如德国"双元制"明确规定企业承担的职业培训任务须按照德国联邦政府签发的具有约束力的职业培训大纲来开展，并随着职业培训大纲的动态调整而及时更新，这种规范充分体现了产业发展技术技能新元素在技术技能培训过程中的及时融入；著名的澳大利亚 TAFE 模式则是基于国家职业资格标准框架而开展的职业教育专业建设工作；英国的现代学徒制项目框架本质上也是围绕职业标准所开展的职业教育专业人才培育工作。而当下丝绸之路经济带核心区新疆各州市在开展两个子系统的交互融合中，规范、标准不够明确，融合互动方向、目标也就不明确，直接影响两者融合互动的成效。

其次，高职专业建设中由于技术水平不够，因此难以引领产业的转型升级。当下丝绸之路经济带核心区的产业转型升级速度较慢，尤其是煤炭、煤电、煤化工、石油等传统优势资源重工产业的转型升级难度较大，与其互动合作的高职院校相关专业建设的整体技术创新意识、技术创新能力不够强，这在很大程度上影响了行业或企业参与高职专业建设的主动性与积极性。经过多年的实践探索，国内已经形成了一批独具特色的融合校企智慧共同提升技术水平的典型案例，如深圳职业技术学院的通信技术专业建设就与华为技术有限公司开展了深度融合，并取得了国际领先优势。在具体的交互融合活动中，双方探索了交互的新形式，如协同共建技术技能培训中心，校企双方相互开展培训，提升校企工作人员的技术、技能水平；建立企业学院，将华为的先进技术、优势资源渗透于专业课程教学，开设了诸如 IP 数据、光网络、移动等方向课程模块，真正提升了学生的专业知识、技能，加强了与生产一线对接的紧密性，发挥了专业引领产业发展的积极作用。再如湖南铁道职业技术学院紧密对接中国中车走向世界的新形势，其重点专业高速动车组技术专业近3年与中国中车在岗位工作任务确定、人才培养模式制定、课程体系架构、实验实训条件建设等方面开展深度合作，协同推进项目研究9项、技术服务16项，并在国内外取得了优异成绩，在全国铁路系统动车组机械师技能大赛、车辆技术技能大赛、客车检车员技术技能大赛中屡获一等奖的优异成绩。

再次，高职专业服务能力较弱，难以吸引行业或企业深入参与高职专业建设。在当下丝绸之路经济带核心区各州市高职专业服务产业转型升级过程中，高职院校专业服务能力弱的主要原因在于"双师型"专任教师的技术水平有限。在高职专业教学中，专任教师首先必须承担教学职能，即传递专业知识。这就要求其必须系统把握行业或企业文化，以及新知识、新工艺和新技术。其次，专任教师还须承担岗位职业技能的指导工作，发挥高职专业服务区域产业转型升级的作用。这就要求他们深入行业或企业，了解产业转型升级中的最新设施、设备、技术与工艺流程，参与企业真实技术或产品的研发，推动技术成果转化，切实提升实践操作能力。然而，从新疆高职院校专任教师的专业服务水平来看，传统师资以理论知识传授为主，难以胜任与企业一线实践操作相关的实验、实训课程的开展。正是受限于自身的实践操作技能水平，高职专任教师开展的科学研究、技术研发往往与产业转型升级相脱离、不适配，真正的科研成果转化比重很低，很难吸引企业，使它们产生合作的兴趣，在真正助推重点产业转型升级过程中的作用微弱；而企业师资的实践能力虽然比较强，但多数企业人员理论功底较差，且缺乏从事高职专业教学的训练。上述两个方面导致在这两个子系统的交互融合中主体间融合深度不够、互动性不强。

8.2.4 高职专业建设与区域产业转型升级融合缺乏资金支持

高职专业建设与区域产业转型升级交互融合是一个复杂的系统工程，校企双方将围绕人才供需、人才定位、人才方案制订、课程体系设计、课堂教学改革、实验实训基地创建、科技研发等任务开展协同活动，这需要投入大量的人力、财力和物力。国家和地方政府部门虽然制定了相应的资金支持政策，但具体激励行业或企业参与专业建设的奖励拨款制度和财政拨付机制还不尽完善，如一些教育税费、信贷优惠政策未落到实处，难以调动行业或企业参与职业院校专业建设的积极性与主动性。此外，当下的社会捐助渠道不够畅通，仅仅依靠政府拨款的专业建设经费往往难以保证两个子系统交互融合的有序推进。

首先,高职专业建设经费较为有限。高职院校办学经费的充裕程度从源头上决定着高职院校能否调动相应的人、财、物、技术等资源,但由于当下新疆的高职院校本身办学规模不够大,服务社会的能力还不够强,办学经费主要源于地方政府,有限的办学经费很难为专业与产业的融合互动提供充足动力。高职院校专业建设中的"囊中羞涩"现实,导致高职专业建设与区域产业转型升级在融合互动中缺乏灵活性和弹性。

其次,高职专业建设与区域产业转型升级交互融合的专项经费明显不足。虽然《关于深化产教融合的若干意见》提出要加大对产教融合的经费支持力度,各地区也根据经济社会发展情况完善产教融合财政政策,对产业发展急需、技术性强、办学成本高和艰苦的专业给予改革试点与资金支持,中央财政则根据改革试点情况与评估结果,设立专门支持高职专业建设的专项资金,然而,调研结果显示,由于当下的专项经费有限,仅有少数院校获得了这部分资金支持,而新疆多数州市的高职院校尚未获得相关的产教融合财政专项经费,在开展高职专业建设与区域转型升级融合互动中资金严重不足,双方的协同难度较大。

再次,企业参与高职专业建设经费投入不平衡。立足或依托新疆各州市的战略地位与发展水平,乌鲁木齐市、昌吉州等地的产业经济发展较好,其产教融合方面的经费投入较高,但南疆地区的院校经费本身并不充裕,经费投入有限,其企业参与高职院校的专业建设很难保障。地区间经济水平的差异带来了产业转型升级的差异,进一步影响了高职专业建设的经费投入水平,即经济发展的不平衡带来产教融合经费投入的不平衡,最终导致两个子系统未能平衡发展,交互融合水平不够高。

8.2.5 行业协会在两个子系统的融合互动中作用发挥不尽理想

行业协会是介于政府与企业之间、商品生产者与经营者之间、企业与院校之间,为其提供沟通、咨询、服务、监督、公正、协调的社会性中介组织。作为一种民间组织,行业协会并不在政府管理机构阵列,而是协调政府与企业、政府与院校、企业与院校关系的桥梁和纽带。为促进专业—产业的交互融合,新疆已成立了多种形式的中介组织,如职教联盟、产教集团、产教联盟等。但是在当下丝绸之路经济带核心区各州市的高职专业建设与产业融合中,这些中介组织的组织协调作用尚未完全发挥,究其原因可以概括为以下几个方面。

首先,在现有的法律条文中很难找到产教联盟等中介组织在产教融合中明确的法律地位。虽然《职业教育法》与产教联盟有些关联，但它的实际操作性比较差，无法作为中介组织协调多主体间活动的有力依据。此外，部分地区至今尚未成立类似职教集团的中介组织，或者虽已组建这类中介组织，但其职责不明、功能不全，尤其是在制定行业岗位标准、课程标准中的协调作用尚未充分发挥出来，或者缺乏其他部门的配合而使落实相关协调任务困难重重，亟待明确职教联盟、产教集团等中介机构的法律地位与主要职责。

其次，现有的行业协会等中介机构的组织协调作用尚未完全发挥。在职业教育发展尤其是专业建设中，行业协会等中介机构被寄予厚望。时至今日，教育领域已经成立了将近 60 个职业教育行业指导管理协会，并辅之以相应的中介机构政策，但是目前其桥梁、纽带作用尚未得到很好的发挥。原因就在于对行业机构本身的功能与作用并未做出明确规定，类似产教联盟、职教集团、行指委等中介机构的权限不够明晰，支持和鼓励这些机构协调职业教育专业建设的政策不够具体，体制机制不够健全。新疆地区虽然建立了职教联盟、职教集团、产教联盟等中介机构，但是这些机构更多的是从职业教育的视角去审视高职专业建设，并未从行业、企业的视角对区域产业转型升级对人才的需求进行精准分析，对行业或企业参与专业建设的诉求、利益、权利、职责等的分析还不够清晰。基于此，后续的产教联盟等中介组织还需要多立足行业或企业的视角开展具体的协调组织工作。

再次，职教集团、产教联盟等中介机构的功能设计不够合理，机制不够灵活，内部共生性不强。目前，丝绸之路经济带核心区各州市的产教联盟等中介机构虽然致力于辖区内职业院校之间的利益共享，如院校间的合作交流、资源共享、优势互补、协同发展等，然而，考察现有的产教联盟等中介机构的运作发现，其协调的层面更多聚焦于浅层次的校企合作，未发挥其基于校企互需的人才规模、结构、质量的协同作用，即真正涉及多元主体间利益共享的体制机制尚未发挥作用。

最后，核心区成立的产教联盟、职教集团等中介机构大多是基于平等自愿、互惠双赢组建的，一般由牵头院校和参与院校订立章程并签订协议，组建具有平等法律地位的办学联合体。然而，这种机构的组织形式也存在一定的问题，如机构内成员间并非隶属关系，不能进行上下级管理，成员间的利益关系也并非无法割舍，很难实现机构内部成员的资源共享与优势互补。另外，由于缺乏规范而有效的管理机制和约束机制，机构成员间的合作形式往往较为松散，且这些产教联盟多由国示范、国骨干高职院校牵头组建，这些院校在人才培养质量、科研实力与社会服务能力方面具有较好水平，在集团中处于主导地位，而那些非国示范、国骨干的高职院校在集团中的影响力则较弱，要实现其利益诉求还存在一定难度。

8.2.6 高职专业建设与区域产业转型升级融合的评估体系缺失

对高职专业建设子系统与区域产业转型升级子系统交互融合水平的评价对后续的改进提高具有重要指导意义，由于这两个子系统分属两个部门，因而在评价两者的融合成效时需要建立行业、企业、社会、院校等多元主体参与的评价体系。然而，本次调研发现，在产教融合中缺少行业、企业、社会等主体的评价，缺少对学生学习过程的监督反馈，存在评估过程中信息化手段滞后、专业引领服务产业转型升级标准不清晰、产业转型升级对接专业建设不准确等问题。

首先，缺少行业、企业等评价环节。当下的产教融合、校企合作、专业与产业转型升级评价多立足职业教育视角，即站在职业教育专业建设的角度来看具体的融合成效，而评价的效果多从职业院校视角分析其专业设置调整、专业人才培养方案制订、课程体系架构、教材建设、实验实训基地建设等方面，且一般由院校自身来开展评价，而忽略了行业、企业作为协同治理者对于高职专业建设所供给人才、技术、服务的满意度，由于缺少行业、企业等主体的参与，对两者融合的成效很难做出精准、客观的评价。

其次，缺少对专业建设与区域产业转型升级交互融合过程的评价。从当下的评价体系来看，不管是企业满意度、学生满意度、院校满意度，还是社会满意度，基本上都是围绕"毕业生"而来的，主要是看毕业生的培育质量，但是对于两者在融合互动中的每一个环节，如专业设置或调整的针对性、人才培养方案研制的可行性、课程体系设置的有效性、实验实训基地建设的合理性、校企专兼职教师的交互性等缺少评估，因而对两个子系统在融合过程中存在问题的成因往往难以探寻，进而影响所制定的两个子系统交互融合路径与发展对策的针对性与有效性。

最后，缺乏对高职学生在顶岗实习中的发展性的评价。不少高职院校学生的实习时间长达一年，但对于学生在企业实习的监管不够到位，未能系统获取学生在岗位实习中专业知识、技能与素养的成长信息，以及企业对学生是否胜任岗位的评价结果，无法保证两个子系统的融合互动。对学生实习尤其是分散实习进行有效管理和系统评价，也是凸显两个子系统交互融合的重要方面。

8.3　本章小结

本章通过对丝绸之路经济带核心区新疆的高职专业建设与产业转型升级的耦合协调度进行实证分析，并以新疆昌吉州为典型案例分析两者的融合互动情况，诊断核心区专业—产业在人才供需规模、结构、质量方面的适配度问题，认为该地区在高职专业规模与产业发展规模不够适配，高职专业结构跟不上新疆产业转型升级的步伐，两者的合作模式单一、融合深度不够，继而从法律法规不够健全、协同体制机制不尽完善、资金支持不够充足、评价体系不够完善等方面阐释两个子系统在融合互动中出现问题的原因，从而为两个子系统的后续发展定位、发展战略与对策举措的制定奠定基础。

9 丝绸之路经济带核心区高职专业建设与产业转型升级融合路径与对策[*]

本章主要针对丝绸之路经济带核心区新疆的高职专业—产业转型升级融合现状和问题，基于专业链与产业链、课业链与技术链、能力链与人才链有效对接的视角，从主体融合、要素融合、结构融合、空间融合等四个维度探索两个子系统的融合路径，具体从校企合作、工学结合到校企一体化、产教融合，再到学园城联动、产学研互促逐步深入地研究与实践，在专业内涵建设、课程内容更新、教学模式转变及课堂教学创新等方面探索发展对策。

9.1 丝绸之路经济带核心区高职专业建设与产业转型升级融合的战略定位

核心区树立"五大发展"理念，贯彻"争当稳定的排头兵、争做发展的先行者"的整体目标，落实"职业教育既是就业教育，更是产业教育"的基本要求，以创新发展为引领，坚持过程先行、结果前列，立足资源、区位、产业优势，推进职业院校与产业园区总体布局合理，专业结构与产业结构、专业集群与产业集群、教学过程与生产过程交替互动，现代职业教育体系与现代产业体系深度融合，打造新型高端技能人才高地、新技术应用高地、应用技术服务高地（功能），使之成为丝绸之路经济带产教融合引领示范区、丝绸之路经济带职业教育先行示范区、丝绸之路经济带应用技术服务示范区，建设西域智慧之都。

（1）调整优化专业结构

推动高职院校面向丝绸之路经济带核心区各州市重点产业转型升级，

---

[*] 本章由苏华、周芳、廖晨竹执笔撰写，周芳修改、定稿。

调整专业规模，优化专业结构，建立高职专业动态调整机制。提升高职院校专任教师整体素质，培育支撑重点产业发展的国内一流学科和专业，聚焦办好服务产业发展的优势专业、品牌专业、特色专业，促进专业链与产业链的深度融合，形成与产业规模相匹配、结构相适配，与高端技能人才需求相适应的专业群，使高职专业建设与区域产业转型升级同步协调、协同共赢。

(2) 深化校企协同育人

校企深入合作，建立一级、二级企业学院，拓展校外实习实训实践基地，共建一支专职与兼职结合的师资队伍，共建工程技术研发中心、生产性实训基地等平台，共建新型高端技能人才培养基地，共建劳模工作室、工匠工作室、技能大师工作室，扩大订单培养、现代学徒制等联合培养范围，探索"双元制"培养模式，激发高职院校办学活力，提高学生就业率。

(3) 建立现代治理体制机制

加强政府对高职教育、重点产业的宏观调控和服务，完善产教融合的相关制度和经费保障，制定引导企业和社会资金进入高职专业建设的财税政策。探索发展股份制、混合所有制职业院校，强化企业社会责任，切实发挥企业办学主体的作用。

9.2 丝绸之路核心区高职专业建设与产业转型升级融合路径

推进现代职业教育与重点产业融合发展，既要从宏观层面建立体制机制、破除产教之间的藩篱，深层次激发高职院校发展的活力和企业参与高职专业建设的动力，也要从中观层面搭建行业协会、企业、高职院校之间的合作平台，架起校企沟通的桥梁，更要从微观层面具体探索校企双方在技术、人才、管理、文化、空间方面的交融，解决谁来融合（主体融合）、融合什么（要素融合）、怎么融合（路径融合）、在哪融合（空间融合）等具体问题，切实提升两个子系统的交互融合水平。

9.2.1 主体融合：高职院校与企业协同发展

(1) 搭建校企合作服务平台，促进企业院校双方资源共享

① 搭建校企人才交流对接平台。解决院校、教师、学生、企业信息不对称问题，以"平等自愿、互利互惠"为原则，围绕先进装备制造、科

技服务、新一代信息技术、轨道交通、生物科技、康养服务等丝绸之路经济带核心区各州市重点产业，委托第三方机构筹建校企人才交流对接平台。建立人才供需发布制度，提供实习/兼职岗位、就业岗位、企业库、专家库、技师库、学生库等信息资源，及时统计、预测人才供需情况；定期举办重点产业人才培育论坛、校企合作洽谈会、校园招聘会等活动。通过搭建线上线下人才交流渠道，解决企业人才招聘、员工培训、技术突破等难题，推进院校及社会培训机构招生宣传，化解院校在聘任企业专家和安排教师顶岗实践等方面的工作难题，实现高职院校与行业、企业人才供需的有效适配。

② 搭建校企项目对接合作平台。围绕特色农产品精深加工、先进装备制造、旅游、现代物流、科技服务、煤电煤化工、有色金属冶炼及精加工业、新一代信息技术、轨道交通、生物科技、康养服务等重点产业发展，针对设施设备、研发设计、技术创新、商业模式创新、人才培育、课题攻关等发展需求，搭建新疆维吾尔自治区校企项目对接合作平台，提供项目申报/立项、项目协议签订、执行过程管理、费用收支管理、结项统计分析等服务，促进项目供需双方便捷地进行全面交互，推进高质量生产性实训基地共建、专利成果对接、设施设备共享、课程体系共建、教师实践工作站打造等。到2020年，校企项目对接合作平台项目基本覆盖新疆各州市的重点产业，新疆所有职业院校参与，并依托重点项目的合作，实现校企双方协同创新、优势互补、共生共赢。

③ 搭建生产性实训信息平台。进一步推进职业院校人才培养与企业发展需求无缝对接，以"优势互补、共赢发展"为原则，围绕推动新一代信息技术、轨道交通、生物科技、康养服务、环保等重点产业搭建新疆维吾尔自治区及各州市的生产性实训信息平台，提供实验实训项目的申报、遴选、建设及成效评价等信息服务，以及生产性实训计划、实践过程、实践成绩等教学管理服务，有效推进真实的生产项目实施中的进度控制、信息反馈及优化改进，推进校企深度融合，共同培养丝绸之路经济带核心区重点产业企业所需的高素质技术技能型人才。依托生产性实训信息平台，推动新疆高职院校专业人才培育与企业需求的精准匹配。

(2) 健全多主体参与的制度机制，推进校地企多维联姻育人才

① 健全多元参与职业教育的制度及投入机制。根据政府、行业、企业、院校等各利益相关者的需求契合点，鼓励支持以校企、行校、行校企、政企校、政行企校等多种方式推进高职院校的专业建设。

加大财政对高职教育的投入力度，逐步提高高职教育经费占区域GDP的比重，可按照生均经费对公办院校进行投入，以专业人才培养质量和绩效评价来调整投入机制，制定科学合理的高职院校生均经费标准。同时，适当降低高职学费标准，完善现代企业职业培训经费的保障制度，完善支持高职院校专业建设的金融支持政策，通过股权、产权合作来建立产权混合的合作制高职院校。

逐步提高高等职业院校生均拨款水平、生均公用经费标准，切实落实关于地方教育附加费的30%和企业职工工资总额的1.5%～2.5%用于高职教育和培训的规定。

② 引导支持自治区内外优势专业院校建立"飞地"。打破行政区划界限，鼓励创建跨区合作的院校飞地模式。引导和鼓励福建、广东、江苏、浙江等地的高职院校，对接先进装备制造、旅游、现代物流、科技服务、新一代信息技术、轨道交通、康养服务、生物科技等新疆重点产业发展集聚区，成立院系、开设专业，投入专业建设所需的设施设备、师资团队、实验实训条件等，促进资源自由流动、优化配置、强化资源集约式利用。在丝绸之路经济带核心区各州市的重点产业集聚区力推院校飞地模式，进而推动区域内重点产业所对应的专业建设水平，实现人才的精准性、高质量供给，达到互惠互利、协同共赢的目标。

③ 多主体组建企业学院。由行业或企业与高职院校共同建立多形式企业学院，系统推进主体间在职业培训、技术研发、生产制造等方面的合作，实现"以专业上产业，以产业促专业、专业产业同发展共辉煌"的目标，开展技能培训、实训实习、师资互聘等合作，集聚相关企业开展专业化生产或服务，统筹合作开展技能培训、技术研发、生产性实训、师资互聘等服务。自2020年开始，与特色农产品精深加工、先进装备制造、煤电煤化工、有色金属冶炼及精加工业、新一代信息技术、旅游、现代物流、科技服务、轨道交通、生物科技、康养服务等重点产业相对应的院校或专业，建立混合企业学院。

丝绸之路经济带核心区各州市推进煤电煤化工、有色金属冶炼与深加工、新材料、信息技术等重点产业集聚区建设，由政府部门牵头，联合行业协会、龙头企业、高职院校在国家级、自治区级经济技术开发区共同组建对应的职业培训学院。学院按照校董事会机制，实施企业化管理、市场化运作，鼓励龙头企业提供企业导师、实验实训设施设备等，吸纳行业领军人才参与办学，引导高职院校以及与新疆维吾尔自治区重点产业密切相关的区外专业院校提供教学资源，先期以"2+1""0.5+2+0.5"等形式办学，逐渐形成形式多样、结构灵活、师资混编、资源共享、虚实结合的准东职业学院。

④ 加强与对口援疆院校合作对接。以东部地区职业院校对新疆自治区高职院校的对口支援为契机，围绕新疆维吾尔自治区重点产业人才需求，积极开展优势互补、资源集约利用、成果分享的专业共建，培养高技术技能人才，提高丝绸之路经济带核心区高职院校专业服务产业的水平；借鉴优势专业的建设经验，完善自治区内外专业建设合作机制、成果共享机制、常态化议事协调机制等，促进重点专业建设资源的自由流通、自治区内外专业协同发展，提升重点专业建设质量。围绕丝绸之路经济带核心区各州市重点产业，区内外院校共建机械制造与自动化、农产品加工与质量检测、旅游管理、电子商务、现代物流、材料成型及控制工程、物联网应用技术、飞行器维修技术、交通运输、药品生产、护理、康复治疗技术等专业。

(3) 建设产教融合实训基地，提高生产性实训设备效能

① 有效整合现有实验实训资源。支持各高职院校盘活实验实训设施设备，与自治区煤电煤化工、先进装备制造业及其他重点产业企业开展深度合作，根据企业岗位需求，承接企业真实项目，在生产工作任务中实现育人目的，发挥实训设备的生产性功能；推动高职院校与特变电工共建生产性实训基地，完善校企双方共建共享的机制，如校企协同育人机制、基于实训平台的协同创新机制、实训设备持续更新机制、校企人员互兼互聘机制等，形成集生产、育人、实训、研究于一体的实训基地，提升职业教育的产业服务能力。

② 支持高职院校生产性实训基地建设。根据丝绸之路经济带核心区各州市重点产业发展要求，支持高职院校围绕重点产业建立相关的校内、校外生产性实训基地。实训基地可以建成具有独立法人的实体，建立"企业化管理、市场化运作"的管理模式，建成前校后厂、产学一体的办学格局，教师和管理人员交叉任职、资源共享，专业教师参与实训基地中企业技术研发，企业师傅参与高职专业教学，真正实现专业知识与生产实践的有机结合，发挥校企协同管理、协同育人、协同研发、协同生产的功能，提高学生专业技能，实现校企无缝对接。

③ 建立自治区各州市开放性公共实训基地。以提升丝绸之路经济带核心区内高职院校学生与企业员工的技能为目标，整合政府部门、职业院

校、行业或企业和社会组织资源，探索"1（2）+N"的新型组织模式，建立自治区级、州市级和县域级综合公共实训平台。而综合公共实训平台的建设与运营也可以创新模式与方法，如探索在政府政策引导下的市场化运作管理模式，引导和鼓励行业组织、龙头企业、培训机构、高职院校等多元主体供给土地、设施设备、技术、资金、人才等要素资源，打造具有综合性、开放性、共享性的各层级公共实训平台，如学生实训中心、技能训练中心、技术研发中心和技术服务中心等，以实现不同的目的与利益诉求。通过市场化运作，着力推进龙头企业、行业协会、高职院校、培训机构各自特色与优势的发挥，在满足自身实验、实训、培训需求的同时，为其他院校、培训机构、行业或企业提供多样化服务。

（4）实施工程师教师天山计划，发挥双师双向互动作用

① 实施教师"青蓝工程"。为全面提升高职专业人才培养质量、专业建设水平及专业服务能力，在新疆维吾尔自治区教育厅的统筹协调下，高职院校切实落实专任教师每5年下企业锻炼不少于6个月的顶岗实践，以提高其实践技能与实战经验，使"双师"比重每年提高15%；组建"教研用"团队，依托混合企业学院、职教集团、产教联盟及紧密型合作企业与新疆先进装备制造、有色金属冶炼及深加工、农产品精深加工等合作开发项目，参与技术研发、实施新技术应用、联合进行科研项目申报、提供理论指导或技术咨询等，提高教师服务产业的能力；出台相关规定，鼓励教师在专业教育教学中引入企业真实项目并指导学生开展项目化实操训练。到2025年，新疆所有职业院校专业教师在5年内都完成6个月的企业顶岗实践，每3年完成校企合作项目或其他社会服务项目不少于1项，并能开展指导生产性实训项目。

② 实施工程师职教工程。为了提升核心区重点产业人才供给质量，实现高职院校专业建设与企业需求无缝对接，自治区实施工程师职教工程，提升企业兼职教师专业化水平。支持高职院校从核心区重点产业企业引进行业认证工程师担任校外专业负责人，引进拥有熟练实操技能的工程师担任实验实训兼职教师。通过对受聘的工程师开展教育教学技能训练指导，提高其教育教学能力与水平，也为参与高职人才培养模式制定、课程体系架构、教育教学方法改革、实验实训指导、企业专题讲座等活动奠定基础，并实现新疆所有高职院校企业兼职教师与专业教师的比重大体相当。重点产业对应专业采用校企双专业带头人模式，建成校企互兼互聘、双向互动的双师队伍长效机制。

③ 实施"博士倍增计划"。结合与新疆重点产业相对应的优势专业师资情况,遵循外部引进与自主培育并重的原则,有序推进"博士倍增计划"。以重点培养与普遍提高相结合的方式,有计划、有重点地支持丝绸之路经济带核心区高职院校培育和引进高端人才,营造尊重人才、稳定人才、吸引人才、成就人才的良好环境与氛围。进一步加强青年师资队伍的培育提升,有计划、分批次安排青年教师攻读博士学位,5年内力争使拥有博士学位的专任教师数增加一倍,博士学位教师占比提高至10%左右。

(5) 培育"产教融合型企业",强化企业社会责任

① 明确企业参与高职教育的社会责任。首先,制定促进职业教育校企合作的具体办法,明确企业参与高职教育的社会责任,说明参与校企合作企业所享有优惠条件与待遇,明确将企业参与高职教育、专业建设活动纳入企业社会责任报告,从而推进校企合作一体化、产教深度融合长期有效开展。其次,针对规模以上企业要有专门的机构或人员组织实施企业员工教育培训,企业必须与高职院校紧密合作,以获得优秀的院校师资与优秀毕业生。而企业通过设立学生实训实习岗位和教师实践岗位,则可优先获取优秀毕业生与优秀专任教师资源。同时,有条件的企业可以整合多种社会资源建立实习实训基地、公共实训基地。再次,设立高职教育发展基金,财政按照GDP的一定比例计提,规模以上企业按销售收入或工资总额或年净收益的一定比例计提,用于职业技术教育的奖教奖学、助教助学,以及科研、技术革新等活动,并单独设立校企合作发展专项资金。

② 建立校企协同双主体育人的新机制。根据《新疆自治区职业教育校企合作促进办法》开展核心区产教融合型企业的认证活动,对通过认证的企业赋予教育权,鼓励其承担高职教育责任,并享受财政资金支持和相关税费减免优惠。建立健全企业参与高职专业建设的成本计算法则与补偿机制,如合作企业因接受实习生顶岗实习所发生的合理实际支出与获得的收入收益,按照现行的税收法律在核算应纳税所得额时可将其合理成本予以扣除。

③ 切实发挥企业办学主体作用。切实发挥企业办学主体作用,把校企合作落到实处,继续组建行业龙头企业紧密参与的职业教育集团;鼓励广大企业积极参与人才培养、社会培训、校企合作,支持企业设立教育培训管理部门,落实专职人员,开展面向员工和社会的技术技能培训;调动行业或企业与高职院校对接交流的积极性与主动性,发挥企业参与实验实训基地建设、教学团队优势互补、专业课程体系架构及具体课程开发的主

体作用;大力推进现代学徒制的探索,支持合作企业深度参与"顶岗实习""订单培养"活动,推进"现代学徒制"人才培养模式的改革。

④ 开展评选产教融合型企业的活动。响应国家产教融合型城市、产教融合型企业试点政策,核心区每年评选一次产教融合型企业,将产教融合型企业认定纳入社会资信系统,并发挥试点企业及试点城市的辐射带动作用。而产教融合型企业能免费使用高职院校实验实训设施设备与实训基地、图书信息资源、文体设备,优先参加高职院校组织的人才招聘、企业宣讲活动,聘用院校推荐的优秀毕业生。

专栏:校企合作服务平台——苏州的产教融合体

苏州市校企合作服务平台(www.szsecp.com)由苏州市教育局主导,整合了苏州近千家企业、50余所院校以及相关政府部门、行业协会的信息资源,为苏州近20万职业院校学生提供线上线下服务,助推产学研发展。平台在线上设有创新创业孵化器、招聘会发布、海外留学、培训课程等咨询平台,在线下设有国际教育园、国际科技园和独墅湖高教区服务点。

专栏:混合所有制——山东海事职业学院的探索

2016年学院成为山东省唯一的混合所有制办学实践项目院校,学院充分发挥省部共建"潍坊国家职业教育创新发展试验区"先行先试的政策优势,初步完善了基于产权的法人治理体系,搭建了兼容公私资源的整合平台,规范了法治化的政校关系,践行了兼具公办、民办优势的运行机制,全面提升了现代高校治理体系和治理能力,成为"全方位、全领域、全过程、全环节"办学体制机制创新的"试验田"。2016年1月12日,国家(教育部)教育发展研究中心《研究动态》专题推介学院混合所有制办学实践案例。

学院利用混合制办学优势融资1.2亿元,建设图书馆一栋、学生公寓4栋、教学楼2栋;与潍坊滨海教育投资集团合作,双方共投资7000万元,共建1.3万平方米的航海实训中心;采用"学院提供场地,知名企业投入实训仪器设备、师资、课程等"形式,与北京通航科技有限公司共建航空学院、与中国电子商务协会共建电子商务学院。受潍坊市委、市政府委托,学院成为山东海洋技术大学的牵头筹建单位,开启了本科职业教育混合所有制办学模式的探索与实践。与中国海洋大学共同启动两个本科专业、两个专科专业的合作办学，开启重点高校参与现代职业教育体系建设的先河；与中国外运长航集团重庆轮船公司合作，联合举办航海技术、轮机工程技术、国际邮轮乘务等三个专业的定向委培和现代学徒制试点班，开启了与中央直属大型国有企业合作办学的新局面。

9.2.2 要素融合：教学与生产要素有机交互

（1）岗位需求融入人才培养，学生需求与企业需求对接

① 建立校企协同育人机制。首先，立足丝绸之路经济带核心区各州市的重点产业推进现代学徒制人才培养模式，确定试点专业和学生规模。其次，建立学徒培育与管理机制，明确该模式下校企双方各自的权责与分工，推进校企紧密合作、协同育人。再次，健全校企联合招生、共同培育、多主体评价的协同育人机制。最后，探索高职专业人才培育成本分摊机制，统筹校内实验实训基地、公共实训中心和校外实习基地等专业建设要素资源，形成校企协同育人的现代学徒制长效机制。

② 完善招生招工一体化制度。进一步完善高职专业招生录取与企业招工一体化制度，由校企双方共同制订和实施专业招生招工方案，规范职业院校招生录取和企业用工的核心程序，签订学生、企业、院校三方协议，赋予学徒企业员工和职业院校学生的双重身份，规定现代学徒制中各方的权益及学徒所承担的具体岗位、教学内容、权益保障等内容。从2020年起，分批确定核心区的现代学徒制试点院校，遴选重点专业推进现代学徒制试点工作。

③ 完善技能型人才的培育标准。基于"协同共赢、职责共担"原则，根据区域产业转型升级中对专业人才的真实需求，由校企双方共同制定专业标准、岗位技术标准、课程标准、教学标准、师资标准、质量监控标准等，以此作为高职专业建设、人才培育的根本准则，并系统渗透到高职专业人才培养模式制定、课程体系架构、课程开发建设、师资队伍建设、实验实训建设、教学组织模式、教材教法创新等专业建设的所有方面。

④ 建设校企互聘共用的师资队伍。建立高职专业人才培育校企双导师制度，具体包括导师的选拔、培养、聘任、考核、激励等，形成由校企双方互兼互聘、共聘共用的管理体制。这一体制明确规定了导师必须承担的职责与应享有的权利，并以此作为合作企业选拔优秀的技术人员、工程

师等担任专业学生师傅的标准；而高职院校的专任教师在担任学生校内导师前须完成相应的企业实践，并将校内导师的技术服务纳入考评体系，作为专业技术职务晋升的重要依据。此外，通过建立激励校企人才交互流通机制与考核奖惩机制，允许校企双方安排人员双向挂职、协同技术研发、开展专业建设等，系统提升师资队伍的专业化水平，进而优化专业建设与产业转型升级的适配性。

⑤ 建立适应现代学徒制特点的管理制度。为了保障现代学徒制模式为产业转型升级培育所需的高技术技能人才，首先，须制定与现代学徒制相适应的学徒管理办法，根据专业人才培养要求，为学徒安排合适的岗位、分配合理的工作任务，给予学徒应有的报酬，并落实学徒在顶岗过程中的责任保险、工伤保险以保障其人身安全和合法权益。其次，建立基于高职专业标准与人才培养标准的学徒考核评价反馈机制，由行业、企业、院校、社会等利益相关者共同参与学徒的过程性学习成效评价，以此保障现代学徒制模式、提升高职专业—产业交互融合水平。

（2）生产要求融入教学内容，教学过程与生产过程对接

① 构建基于工作过程的课程体系。教学过程设计必须以重点产业的生产过程为主线，构建基于职业活动工作过程的课程体系。自2020年开始，核心区内的高职院校须重新梳理对接重点产业转型升级现状的课程体系，根据职业岗位（群）任职的专业知识与技能要求，参照科技发展水平与职业资格标准，把生产内容融入教学内容，将生产过程进行教学化处理，使学生在一个相对完整的职业活动过程中完成知识学习与能力训练，形成符合教育规律和学生认知规律的教学项目并将之应用于课堂教学。到2025年，丝绸之路经济带核心区所有高职院校基本形成教学内容与生产过程紧密对接、特色鲜明、动态调整的职业教育课程体系，建成自治区及各州市重点建设专业。

② 开发基于典型工作任务的教材。以丝绸之路经济带核心区重点产业的真实生产过程或项目运作流程为主线，以职业技能为核心，以课程标准为要求，遵循"角色匹配、易读性、实践性"原则，根据典型工作任务开发融专业知识、特需能力、职业技能资格证书考纲要求于一体的教材。支持职业院校围绕重点产业相关专业开发基于"教学与生产过程对接"的教材。到2025年，每年评选自治区级、州/市级实践性教材，根据与核心区各州市重点产业的对接情况，各高职院校各专业编写各级实践性教材不少于3本。

③ 实施基于行动导向的教学方法。秉承"以学生为中心,以教师为主导"的教学理念,有效推进基于行动导向的教学方法,使课程理论知识、实验实训与生产制造、技术服务有机融为一体,鼓励将教学场所安排在企业生产现场,鼓励师生共同参与生产过程或项目流程,实现教、学、做一体化,帮助学生提升实践操作能力、专业技能与职业素养。到 2025年,核心区各高职院校全面开展基于行动导向的教学,并在对接重点产业所需人才技能培养中凸显成效。

④ 创设贴近生产实际的教学环境。按照"校内实训职业化、校外实习教学化、教学管理企业化、学习过程工作化"的原则,创设贴近丝绸之路经济带核心区各州市重点产业企业实际生产、注重职业氛围营造的教学情境。各个高职院校要根据课程教学目标和内容确定实训基地设备和环境建设的标准,将企业生产管理模式融入专业教学管理过程,进一步优化生产性实训基地服务教学的保障机制。到 2025 年,根据各州市重点产业所需专业人才情况,区内各高职院校所有专业均须建成贴近生产实际的教学环境不少于 1 个。

(3) 职业标准融入课程标准,课程建设与职业能力对接

① 校企共同开发专业职业能力标准。《关于推进中等和高等职业教育协调发展指导意见》提出了课程内容与职业标准对接的要求。因而,须对高职院校开设的各个专业研制与产业发展相适配的专业职业能力标准。具体做法是,吸收消化自治区各州市重点产业特色,联合重点产业行业协会、龙头企业共同研制一套完整的专业职业能力标准,以满足服务核心区重点产业企业的人才培养需求,使高职专业学生的职业能力与素养能够和行业或企业的岗位需求无缝对接。到 2025 年,核心区各州市高职院校与重点产业发展所对应专业,都形成一套为院校、企业、行业协会等共同认可的职业能力标准。

② 校企协同开展课程标准制定工作。引导核心区内高职院校围绕各州市重点产业转型升级的人才需求规模、结构与质量要求,以企业岗位职业能力标准为依据,以学生职业能力和职业技能形成为重点,对与重点产业相关专业课程标准重新全面梳理,推进课程内容围绕职业能力标准模块化。到 2025 年,核心区内所有高职院校各专业协同重点产业紧密型合作企业开发并获认可专业课程标准 1 套。

③ 强化课程标准的贯彻与检查力度。为高职院校实施课程标准提供必要条件,支持高职院校严格按照课程标准选用教材或编写教材、建设课

程资源、组织课程教学、开展课程教学评价，制定自下而上自检与自上而下抽检相结合的课标执行机制与动态反馈机制，保证丝绸之路经济带核心区各高职院校所开课程内容与课程标准的一致性。到2025年，建立完善的课程标准执行机制、动态反馈机制，加强高职院校各专业课程标准的贯彻落实力度，保证高职院校人才培养与核心区内重点产业企业需求无缝对接。

（4）职业素养融入专业教育，学历证书与职业资格证书对接

① 制定高职院校学生双证书管理奖励办法。进一步提高职业院校学生毕业后岗位适应性，根据重点产业对技能的需求，制定高职院校学生双证书管理奖励办法，鼓励高职院校根据专业岗位需求，组织学生考取本专业中级及以上国家职业资格证书，将技能考证内容纳入课程教学体系，保证学历证书与职业资格证书有效对接；对职业技能考证通过率高的高职院校给予经费奖励和补助。在建立了完善的高职院校学生双证书管理奖励办法后，学生双证书通过率达90%以上。

② 确定重点产业对接的职业资格证书。根据丝绸之路经济带核心区内特色农产品精深加工、先进装备制造、旅游、现代物流、科技服务、新一代信息技术、轨道交通、生物科技、康养服务等重点产业所需人才要求，以"门当户对、质量优先"为原则，确定各岗位所对应的专业与职业技能证书要求，使学生的学历证书与职业资格证书精准对接，并在具体的学历教育进程中渗透职业技能考证的专业知识、实战技能、实践能力、职业素养，使学生的知识、能力、素质结构与职业要求相符，提高学生的知识技能水平。精准确定与新疆重点产业对应的职业资格证书，并组织院校、社会培训机构开展职业资格培训，提高高职院校学生的职业素养与职业技能。

③ 强化高职院校学生的职业素养培育。根据丝绸之路经济带核心区重点产业岗位所需的人才要求，高职院校要全面开展以责任心、敬业精神、团队合作精神为核心的职业素养培育，以专业技能、学习能力、协作能力为核心的能力素质培育，从课程设置与建设、实践技能训练、教师榜样示范、校园文化建设等方面推进学生职业素养的生成，为核心区重点产业培育适应岗位需求、具备职业素养的技术技能人才。

（5）技能培养融入终身学习，继续教育与职业教育对接

① 建立核心区大职业教育培训体系。整合核心区职业教育培训资源，构建区域技术技能人才培育立交桥，建立由高职院校、行业或企业、社会

培训机构等多元主体共同参与的"大职业"培训体系。通过编制并组织实施"大职业"培训体系规划和行动计划，统筹高职院校的社会培训、社会培训机构的培训和用人单位内部培训等资源，调动多元培训主体参与的积极性与主动性，达到资源整合、优势互补的目的。制定激励多元主体积极参与的扶持与优惠政策，根据职业培训的不同性质和类型，采取灵活多样的补贴措施，调动高职院校、职业培训机构、企业和个体参与职业培训的积极性。建成融市场化、国际化、信息化为一体的科学高效、互利共赢的自治区大职业教育培训体系，形成权责明晰、精简高效、多方联动的"大职业"培训体制机制，提高职业培训的成效。

② 广泛开展在职员工的继续教育。广泛开展在职员工的继续教育活动，建立企业在职员工"学习—就业—再学习"深造通道。首先，拓宽企业在职员工学历提升教育渠道，提升员工业务素质、优化学历层次与专业结构，给获取学历证书的员工报销继续教育费用。其次，开展围绕职业技能提升的在职员工的非学历性继续教育，鼓励其学习与实际岗位工作相关专业领域内的新理念、新技术与新方法等，优化已有的知识结构，提高企业员工的专业技术技能水平。再次，通过构建完善的质量认证体系、学分转换制度、学分银行、职业资格考试等学历认证机制，使得企业员工能在职业领域、教育领域有效、顺畅地转换，切实满足其继续教育的迫切需求。

③ 大力推进社会职业技能培训工程。强化职业技能培训在完善终身教育、促进就业创业中的重要地位和积极作用。首先，通过组织实施劳动者就业技能培训工程、在岗职工岗位技能提升工程、助推微型企业创业培训工程等多种模式推进社会技能培训，提升劳动者技术技能水平。其次，通过建立资金补贴的统筹管理机制支持各类职业技能培训，保证各项社会职业技能培训渠道不乱、用途不乱、各司其职，有序推进培训工作。再次，进一步建立健全以国家职业资格证书和培训合格证书为依据的政府购买培训成果机制，为企业职工的岗前培训、转岗培训、岗位晋升培训提供补贴，探索直补个人、直补企业等多形式的政府补助模式，并根据培训的投入成本、培训工种的紧缺程度、职业技能等级等制定动态补贴标准。最后，进一步强化企业履行职工培训的责任与义务，将职工培训绩效水平纳入企业效益评价体系，使企业成为高技能人才培育和可持续发展的重要阵地。

> **专栏：产教无缝对接——无锡市职业教育**
>
> 职业教育人才培养与地方产业发展和企业需求精准对接，找准学校定位，为企业提供适应岗位要求的技能型人才。无锡市多次组织职业院校人才培养与企业需求"契合度"调查，引导学校不断调整专业、课程，最大限度对接企业需要、对接岗位要求。每年安排专项经费，培育市级优秀课程和精品课程，建设示范专业，把符合无锡需要的人才培养放在首位。建立国家、省、市、校四级师资培训网络，选派400多名专业骨干教师赴国外培训。建立对接产业的专业动态调整机制，不断开发完善相应的课程体系。

9.2.3 结构融合：专业与产业动态适配提升

（1）建设区域性优势专业，引领产业结构调整

① 推进优势专业覆盖重点产业。引导核心区职业院校根据《新疆维吾尔自治区国民经济和社会发展第十三个五年规划纲要》和《新疆维吾尔自治区新型工业化十三五发展规划》要求，立足自身优势，科学定位，主要面向特色农产品精深加工、先进装备制造、文化旅游、商贸物流、康养服务等重点产业，系统编制与产业相对应的专业整体规划，重点建设一批特色、优势专业，提高核心区高职专业结构与产业结构、社会需求间的契合度。要求特色、优势专业基本覆盖核心区各州市的重点主导产业，各州市建成50个引领产业的特色优势专业，每个专业至少建成2门及以上产教协同共建的核心课程。

② 加快高职院校专业匹配重点产业的进程。引导核心区内的高职院校根据产业转型升级动态来调整专业的设置，使高职专业与重点产业精准衔接与匹配。比如，昌吉学院根据昌吉州的重点产业转型升级要求，设立与之相对应的新一代电子信息技术、科技服务、煤化工、有色金属冶炼及精加工业等重点专业；新疆农业职业技术学院则围绕核心区农业及农产品加工业的转型升级要求，重点建设绿色智慧农业、农产品精深加工、生物科技、现代物流等专业；而昌吉职业技术学院则重点发展先进装备制造、智能制造、能源动力与材料、电子信息、旅游、医药康养、煤化工等专业。力争到2025年，核心区各州市高职院校重点专业与所在区域的重点产业基本匹配。

③ 加快领先专业团队引进与交流。配合战略性新兴产业、生产性服

务业等重点产业发展，重点产业和高职院校要加快引进领先专业团队，积极构建优势专业团队。制定《新疆维吾尔自治区领先专业团队引进管理办法》，以集体引进的方式鼓励专业团队进入，系统全面提升专业水平，对于能够构建完整专业体系的团队给予特别优惠待遇；对于在相关研究领域达到国内先进水平，在国内同行中具有重要的创新地位和学术影响力，拥有国内先进水平的发明专利或自主知识产权创新成果，具备突破重大应用技术的持续创新能力或应用技术成果转化能力的引进团队，予以重奖。开展专业整体性交流，对于服务战略性新兴产业的专业，支持职业院校开展专业教师整体性对口交流。

（2）集聚行业领军人才，引领产业迈向价值链中高端

① 培育行业领军人才。鼓励高职院校面向社会招聘服务重点产业的行业领军人才，提高专业服务地方产业发展能级。行业领军人才由自治区人社厅、有关职业院校负责招聘和引进工作；由相关高职院校结合本校的重点专业建设规划和师资队伍建设规划，编制行业领军人才的育成工程；行业领军人才待遇应明显高于所在学校同类岗位，可以采用年薪制、一人一议等方式确定待遇。

② 引领产业技术升级。行业领军人才除了能够突破关键技术、带动重点产业、引领应用技术创新外，还应主动参与校企合作、专业建设，为培养重点产业所需的高技术技能人才服务。到 2025 年，重点产业配套的高职专业，每个专业拥有 1~3 名行业领军人才。

③ 推进产业教授选聘。促进高职院校与重点企业的高度融合，自 2020 年开始，在丝绸之路经济带核心区重点企业选聘企业管理负责人、技术管理负责人、研发机构负责人、骨干科研服务机构负责人等在行业内具有较高影响力或技术水平的人员担任高职院校的产业教授。依托产业教授的支撑作用，推进高职院校与行业或企业的交互融合，并围绕产业领域的重大科研项目和科技攻关项目申报国家级和省部级支持项目，通过搭建校企信息交互平台加速科研创新成果在企业实践中的转化运用，提升高职专业建设引领产业转型升级的水平。

（3）打造高水平新专业，引领产业链迈向中高端

① 开设服务重点产业的新专业。根据核心区重点产业发展对于新技术的要求，围绕新一代信息技术、轨道交通、生物科技、康养旅游等新技术、新产业、新业态，推动高职院校设立与之配套的新专业。自 2020 年开始，设立核心区"高职教育服务重点产业发展的新专业"，各高职院校

须积极申报开设新专业，并做好新专业建设配套的师资、实验实训等教学基本条件的准备工作。到 2025 年，丝绸之路经济带核心区将基本形成先进装备制造、电子信息技术、旅游、现代科技服务、轨道交通、生物科技、康养旅游等系列专业群，助推核心区重点产业的转型升级。

② 加强新设专业师资团队建设。师资队伍水平是专业人才培育质量的保障，要提升新设专业专任教师的胜任力水平，首先，须落实教师企业实践制度，将相关专任教师安排到新兴的产业部门，参与具体的企业实践项目，提升教师自身的专业技能与实操水平。其次，建立企业专家兼职任教的"绿色通道"，在新兴的产业部门提前遴选业务能力强、技术水平高的优秀企业专家担任技能训练与实验实习指导。再次，在新设专业开设的两年内，要求具有实战经验的专兼职教师占比达到 70% 以上，"双师型"能力教师比重达到 85% 以上，以此推进新专业建设与新兴产业的交互融合，助推产业的可持续发展。

③ 搭建技艺技能传承创新平台。技艺、技能是重点产业生存与发展的根本，也是高职专业人才可持续发展的基点。必须依托核心区重点产业、企业现有资源搭建技艺技能传承创新平台，保持并提升核心区重点产业企业的核心竞争力。在具体的落实过程中，可以在核心区的重点产业企业遴选具有绝招绝技的技能大师、首席技师、工程师，由其领衔在各州市建立的综合实训基地、研发中心等以师徒技艺技能传承、合作技术研发等方式，推进产业转型升级中新技术的开发运用、产品的研发创新、传统民族工艺的传承等活动。到 2025 年，核心区内各州市搭建的技艺技能传承创新平台不少于 20 个。

④ 建立健全专业动态调整机制。建立健全专业建设伴随重点产业升级发展的动态调整机制。首先，高职院校将重点产业对专业人才的需求预测结果与毕业生历年就业情况作为专业调整、结构优化的主要依据，并有效利用专业招生计划、生均拨款经费、项目建设成效、财政补贴等杠杆，加强对高职专业设置与调整的宏观调控。其次，建立"高职院校专业调整负面清单"制度，对与产业发展对接密切、就业前景良好、社会认可度较高的专业，进一步加大建设的投入力度，扩大办学规模，奖补贴补办学投入经费，而对于产业发展人才需求饱和度高、市场发展前景不尽理想、就业率偏低的专业，则减少招生人数，以至停止招生，或者进行专业的撤并与改造。

（4）强化技术技能积累，引领产业转型升级

① 打造应用技术协同创新中心。知识、技术作为核心区重点产业转型升级的关键要素，在专业与产业交互融合中起着极其重要的作用。通过建立核心区重点产业技术技能协同创新中心来打造技术技能累积的集聚地，在引领重点产业的转型升级进程中发挥积极作用。在具体的实践中，要求高职院校与行业或企业共同建立应用技术协同创新中心，集聚高职院校、行业协会、重点企业及科研机构联合开展产业升级所需的技术创新。立足丝绸之路经济带核心区新疆，围绕特色农产品精深加工、煤电煤化工、有色金属冶炼及精加工业、新一代信息技术、科技服务等产业转型升级要求中的关键技术，发挥协同创新中心在专业融合、团队协同、技术集成与转化方面的积极作用，真正实现专业育人与技术创新协同共进的目标。到 2025 年，核心区各州市建成应用技术协同创新中心不少于 6 个。

② 建设技能大师工作室。技能大师作为高技术水平的典型示范，在高职专业—产业的交互融合中有着重要的示范效应。围绕核心区特色农产品精深加工、先进装备制造、煤电煤化工、有色金属冶炼与精加工业、新一代信息技术等重点产业，遴选产业内的技能大师，并建立技能大师工作室，发挥专业高技术技能人才、掌握民族传统技艺、民间绝技绝学大师的引领与示范作用。在具体工作室的运行实践中，一般通过招收学徒、技术攻关、技艺传承、技能推广等方式，提升高职专业建设中人才的技术技能水平，传播高水平的技术研究成果，培育高质量的专业技术技能人才，助推核心区重点产业的转型升级。

③ 提升"立地式"科研服务能力。高职专业建设中包含科技研发服务内容，即为专业所对应产业转型升级所需技术的创新服务，在科研服务活动中，须进一步提高师生"立地式"技术研发服务能力，即围绕行业或企业的真实情况，切实帮助企业解决实际技术应用难题与技术攻关难题。如与企业专家共同承担课题研究、技术研发、技术服务与咨询、新技术的培训推广等，通过双边、多边技术协作，真正推动产、学、研、创的一体化发展，提升高职院校师生服务行业或企业的能力，为促进高职专业—产业深度融合带来驱动力。

（5）培育创新创业精神，引领企业创新发展

在深化高职人才培养模式与教育教学方法改革中，突出国家"创新创业"理念，增强专业人才的创新精神、创业意识和创新创业能力，助推区域重点产业的转型升级进程。

① 推进"双创"课程建设。各高职院校在制订专业人才培养方案时，首先，须将"双创"课程纳入专业课程体系和教育教学计划。在具体的课程教学实施中，确保"双创"课程最低教学课时数不低于50课时，其中必修课时须达到32课时，并核算成相应的学分。其次，在高职院校的"双创"课程建设中，须建立具有地区特色、院校特色和专业特色的"双创"课程体系，并通过整合校内外资源开发"双创"课程、编写"双创"教材，有条件的院校还可建立创新创业教育学院（中心），以此提升专业人才的创新创业精神、创新创业能力与素养。

② 建立"双创"教师团队。学生创新创业精神的有效培育离不开具有创新创业意识与能力的师资团队的支撑，须立足校内兼顾校外，一方面培养既具有一定理论素养又具有丰富实战经验的专任教师承担"双创"课程的授课与培训任务，另一方面则须聘请核心区重点产业转型升级进程中的知名企业家、行业专家、新技术研发专家等业内创新创业人才担任"双创"课程的校外兼职教师、"双创"项目指导教师，进而形成一支既有理论基础又有实践经验的、专兼职结合的"双创"师资团队。

③ 夯实"双创"基地建设。核心区内各高职院校都要建立校内外学生"双创"基地，做到"一校一园（基地）"，并选派专业教师指导学生创业全过程实践。同时，高职院校通过盘活校内外的闲置资产，并引入市场化运作机制，为专业学生的创新创业实践提供必要的场地、设备和资金支持，也提升"双创"基地的建设成效。

④ 搭建"双创"创客空间。首先，建立众创空间，在核心区各州、市建设一批多形式的众创空间，如创客空间、创新工坊、创业咖啡等，为有创新创业意识的学生创客提供多样化的创客空间，并依托"双创"教育联盟等中介机构的协调，推进院校间、基地间、创客间的成果沟通与交流。其次，基于众创空间，打造课程、讲堂、实训、竞赛和孵化"五位一体"的"双创"教育流程，创意、创新、创造、创业"四创融合"的"双创"模式，校校协同、校企协同、创新创业协同"三个协同"的"双创"教育体系，为高职专业人才的创新创业提供可靠的载体。力争到2025年，核心区各高职院校均建成"一基地一空间"，各州市建成有一定规模的"双创"示范基地不少于3个，建成功能齐全的共享型"双创"实训培训基地2~3个。

> **专栏：从服务产业迈向引领产业——湖南汽车工程职业学院**
>
> 湖南汽车工程职业学院以湖南省卓越高职院校建设项目为契机，主动适应湖南经济和汽车产业发展新要求，实现由"对接汽车产业、服务汽车产业"向"提升汽车产业、引领汽车产业"的转型。
>
> 按照"立足汽车行业、服务汽车产业、培养汽车人才、打造汽车品牌"的办学思路，学院主动服务湖南汽车产业转型升级发展，深度融入汽车产业来建设特色专业体系，培养汽车高素质技术技能人才。学院紧跟新能源汽车、智能汽车、车联网、汽车精密制造等汽车产业最新业态，抢占汽车技术技能人才培养制高点，打造高素质人才培养高地、高水平师资培训高地和汽车产学研新成果孵化高地。

9.2.4 空间融合：教育链与产业链高度匹配

（1）建设职业教育产业园，优化职教资源布局

① 依托职教产业园优化资源布局。建设职教产业园，作为产教融合核心载体，聚焦产教融合发展。职教产业园以现有高职院校及所在地的产业园区为基础合力建设，按照"以教引产、以产促教、产教结合"的发展理念，以园区为平台促进职教、技术、产业、资本等高度融合，出台职教产业园"职教与产业共促发展办法"，给予入园企业特殊政策，打造高职文化彰显、高技能人才汇聚、先进技术汇集、高端产业集群、社会资本流入的产业"小特区"。把职教园打造成重点产业技能人才培养基地、产教协同创新基地、产教融合示范基地、社区文化服务基地。到2025年，通过职教产业园的建设，逐步形成核心区各州市产业教育集聚区。

② 创新职教产业园区模式。建设高职院校校内产业园区，拥有学生培育、技术创新、产品研发、创新实践、创业孵化等功能，将企业的生产经营活动融入高职专业人才培育过程。积极推进"1+1+N"的研培基地范式，即每个二级学院联合一个行业，携手多家企业，通过跨专业协同、多团队协作，打造科技研发和人才培育基地，系统提升专业服务产业、专业引领产业的能力。

③ 推进产、教、城融合发展。优化产城空间结构，依托大学城完善城市功能，促进产业聚合，按照产、教、城一体，集中规划产教园区的基础设施、教育设施、生活服务设施，完善产教园区的城市功能。推进形成

"以教促城、以城兴产"的互动格局,加快煤炭资源综合利用、新能源新材料、信息技术产业在国家级、自治区级经济技术开发区的集聚发展;加快先进装备制造及服务业、新材料产业、生物科技产业、检验检测高技术服务业在高新区的聚集发展;加快农产品精深加工、生物科技、智慧农业、农业观光旅游业在农业科技园的集聚发展。

④ 重点建设各层级的职教产业园。以高职院校为中心,引进核心区各州市的重点企业,围绕先进装备制造及服务业、新材料产业、生物科技产业、检验检测高技术服务业等多个重点产业,鼓励高职院校将行业或企业的实体项目和生产企业引入园区,试行"园中校、校中企,园中企、企中校"的运行模式,推进产、教、研一体化,提升职业教育对产业转型升级的适配性与贡献度,推动职教、产业、园区融合发展。争取国家级、自治区级开发区的支持,由开发区规划土地,提供施教场所,承建园区基础设施,采用混合所有制的方式引进自治区、州、市内外本专科学校,开展企业技术工人培训、本专科学校学生顶岗等服务。以各县(市)职业中专、重点大型企业为中心,由所在地县(市)政府统筹规划,结合区域人口规模、重点产业布局、职教发展水平等状况,建设各县(市)职教产业园,建设县域重点产业技能人才与产业互动发展的集合地。

(2) 确立职教发展特色,推进职业教育区域合作

① 完善院校管理体系。首先,各高职院校要出台与"产教融合、校企合作"相适应的管理制度与举措,将其列入院校章程,促进校地、校企、校际的交互融合,明确规定行业、企业等多主体在院校专业建设与人才培育中的主体地位。其次,制定由紧密型合作企业、用人单位等参与的专业指导委员会制度、学术指导委员会制度等,为促进高职专业建设与产业转型升级交互融合提供载体与保障。再次,通过下放资源配置权、教学管理权、财务管理权等方式,进一步构建责权相统一、资源优化配置、机制运行畅通、民主监督有力的院系管理机制,为进一步推进专业—产业的交互融合提供自主权与制度保障。

② 强化对口援疆职教合作。进一步完善福建省、山西省援疆的跨区域合作政策,设立专项资金,引导援疆地区企业和院校在要素资源共享、人才培养模式创新、专业课程建设、师资队伍提升、管理体系健全等方面提供深层次的援助,从而增强高职区域合作对产业升级的引领作用。适应核心区特色农产品精深加工、先进装备制造、科技服务、新一代信息技术等重点产业链分工合作的需要,支持跨区域校企协同人才培育、课程开

发、资源共享、实习实训基地共建、教科研成果共用等。有序推进内地高职班培养任务，结合核心区重点产业在对口援建院校开设相关专业，重点发展"2+1"人才培育模式，即前两年在核心区的高职院校学习专业基础课，后一年到内地学习，以专业技能和实习为主，培养学生的实操动手能力，学校负责推荐安排就业。成立跨区域职教联盟，有效推动内地优质职业教育资源辐射核心区内职业教育，为其培养优秀技术技能型人才提供重要平台。

③ 加强州、县际职教合作。积极加强与自治区内其他地区高职院校的合作，特别是面向全州重点产业新建的薄弱专业，鼓励采用联合分段培训、师资队伍交流、共享优质课程、课程学分互换等方式开展合作。改变高职院校专业重复建设、人才培养趋同的现象，实现州内县域职业教育错位发展，大力推动县际职教合作。在自愿、平等、互利的基础上，在人才培养方案制订、教学改革、实验实训体系建设、大学生创新创业等方面，以各自独立、资源共享、优势互补的方式实现协同发展。

（3）完善职业教育体系模式，推动专业化职教集团发展

① 大力开展职业技能培训项目。职业技能培训在终身教育和就业创业中具有重要地位和显著作用，依据拓展新成长劳动力适应性技能培训、企业在岗职工岗位技能提升培训、南疆转移劳动力岗前培训等三大培训计划，鼓励支持核心区内各高职院校面向区域内重点产业、企业开展专业技术技能培训，鼓励支持社会培训机构开展广泛的技术技能提升培训，推动南疆劳动力转移就业的岗前培训，系统构建覆盖面广泛、兼顾产业发展差异的现代职业教育专业培训体系。

② 构建技术技能人才成长"立交桥"。拓宽中高等职教人才成长通道，加强对中职学校对口高考的引导与指导，提高对口高考升学质量。制订中高职贯通的人才培养方案，探索中高职衔接的方式和途径，开展中高职"2+3""3+2""3+3"衔接培养改革。争取政策支持，在护理、健康服务、学前教育、社区服务等专业领域开展以初中为起点的五年制高职试点，开展中职与本科"3+4"、高职与本科"3+2"分段培养试点，发挥应用型建设试点本科院校的作用，推进四年制高等职业教育人才培养试点，面向核心区各州市扩大本科层次职业技术人才和专业学位研究生的培养规模。

③ 打造专业化、特色化职教集团。改革传统"松散型"的职教集团模式，强化职教集团中的参与者行业协会、企业、高职院校、政府部门、

科研院所、社会组织的作用与功能，依托各自在设施、设备、资金、实训基地、培训资源等方面的优势，以"入股"的方式进入职教集团，从而形成"紧密型"的资源共享、优势互补的职教集团新模式，真正实现合作办学、合作育人、合作就业、合作发展，实现人才共育、过程共管、成果共享、责任共担的紧密型合作办学体制机制。在现有煤电煤化工职教集团、先进装备制造业职教集团、现代农业职教集团、现代服务业职教集团等职教集团的基础上，引导、支持产值超百亿元的行业龙头企业，牵头组建专业化的职业教育集团。

（4）加快信息化建设，扩大院校服务行业发展的领域

① 建设信息化资源平台。推进"互联网"＋教育的模式，提升高职专业人才的信息化应用能力。基于"智慧教育"理念，改善核心区高职院校的信息化技术基础条件，建立网络学习平台，与重点产业企业合作共同开发虚拟仿真实训系统，建设共享精品课程资源库，开发数字化精品课程，并依托信息化平台开展远程交互，将重点产业企业的生产制造、加工流程等通过远程交互方式渗透到专业课程教学中，实现专业课程组织模式、课堂教学方法的优化升级。到 2025 年，核心区各州市至少建成 20 门在线开放精品课程、50 门微课程、50 门技术技能培训课程；建立自治区级产教融合综合信息平台，平台功能包括职教信息化资源共享、校企人才交流对接、校企项目对接合作、生产性实训信息共享等四大功能。

② 推动优质信息资源应用与共享。以应用驱动为抓手，在高职专业课程教学组织中，运用计算机仿真、远程实时交互等新技术探索基于"互联网＋专业教育"的新模式。首先，充分利用信息化平台，改善职业院校管理，实现校务公开，推进职教科技园院校间师资互聘、课程互选、学分互认、招生就业信息互通、优势资源共享。其次，为促进优质资源的共享交互，须建立扩大优质职教资源覆盖面的长效机制，由院校、重点企业、行业协会等参与主体不断遴选优质资源，建设课程资源库，推进核心区内的行业、企业、高职院校等跨区域、跨行业的共建共享，提高资源的利用效率与建设成效。

③ 加快推进"智慧校园"的建设。首先，依托现代信息技术手段提升核心区高职院校的信息化管理水平，如依托身份识别技术、数据库技术实现高职院校在教学、科研、学工、财务、招生、就业中信息的统一。其次，建立健全高职院校数据信息分析机制，通过对专业建设中师生、校企信息的采集、存储、分析、管理，系统把握院校的数据体系，打破校园数

据孤岛，并通过数据挖掘技术与分析技术，为更好地推进高职专业建设、人才培育、教育教学改革、社会服务、招生就业等提供参考与依据。

(5) 加快中外合作办学，助力重点产业走出去

① 鼓励职教境外办学。基于"一带一路"倡议要点，新疆作为丝绸之路经济带核心区也需要不断探索与重点产业企业的产品、服务"走出去"相配套的职业教育发展模式。一方面须着力培育符合核心区企业海外生产经营所需的高技术技能骨干人才；另一方面，则须整合现有的核心区优势职教资源，建设中亚援外职教基地，与核心区企业的海外布局相适配，推进核心区职教资源与跨国企业、跨境教育机构合作进行职业教育人才培育与员工培训。比如，推动新疆农业职业技术学院适应高端装备产业、农业技术"走出去"战略，探索境外办学模式。力争到2025年，核心区各州市建设国际化重点发展项目不少于3个，争取每所高职院校有1项紧密型中外合作办学项目。

② 引进境外优质资源。大力支持核心区内的高职院校引进国际先进的技术标准、产品标准、服务标准、工艺流程、管理方法等作为高职专业建设的教学内容，推动国内经济国际化与世界经济国内化双向融合。同时，配合核心区"走出去"的企业，面向境外员工开展产业发展技术技能培训与学历、非学历职业教育。到2025年，核心区各州市至少引入6门国际化课程，建立6个与国际行业标准对接的专业标准和课程体系。

③ 积极吸引境外留学生。积极吸引境外留学生来核心区各州市就读高职院校。推进"新疆留学推进计划"，设立"雪莲花"留学生基金，增强对境外留学生的资助力度，并鼓励重点产业企业、行业龙头企业设置留学生奖助学金，增强境外留学核心区的吸引力。到2025年，核心区各州市至少建设3个职业教育留学生基地，高职院校在校学生中，具有海外学习经历的高职在校生比例达到2%，外国留学生比例达到3%。

④ 构建区域特色的职业教育国际化布局。在国家"一带一路"倡议背景下，结合核心区的战略要地位置和重点产业发展规划，打造具有区域特色的职业教育国际化布局。具体表现为，基于外向型产业集群，打造若干个核心区对外开放的职业教育基地，提升专业建设水平，有效服务外向型企业的转型升级；同时，对接先进制造业和新兴主导产业，加强与中亚多国职业教育合作力度，制定扶持政策引导相关高职院校拓展国际化合作模式，打造若干高水平的国际化职业院校。

> **专栏：做企业"走出去"的好伙伴——柳州职业教育**
>
> "企业走到哪里，职业教育就服务到哪里。"柳州市编制出台了《柳州市职业教育国际化发展行动计划（2014—2020年）》，厘清了职业教育国际化的概念、内涵、路径、目标。
>
> 配合柳工、上汽、通用、五菱等大型企业走向海外参与国际竞争，柳州的职业教育主动成为企业走出去的"好伙伴"，组建柳职院—柳工海外专员班。截至目前，学校共举办了5期海外专员班，共为柳工输送了300多名优秀毕业生，其中近1/3的人曾服务于东盟国家，近10人已经走上了区域负责人的岗位。
>
> "一带一路"建设，"中老"铁路、"中泰"铁路、雅万高铁等项目急需高技能人才。柳州铁道职业技术学院与东盟国家20多所职业院校合作培养高铁运营和服务人才，2016年3月至今已举办3期"泰国轨道交通师资培训班"，为12所泰国高校培养了51名教师。

9.3 本章小结

本章基于丝绸之路经济带核心区高职专业建设与区域产业转型升级交互融合的实证分析结果，针对两个子系统在规模、结构、质量维度中的适配性问题，从主体融合、要素融合、结构融合、空间融合等四个方面探索两个子系统融合互动的发展策略与对策建议，为丝绸之路经济带核心区高职专业建设与产业转型升级的更好交互融合制定发展对策，也为其他地区两个子系统的交互融合提供借鉴。

10 高职专业建设与区域产业转型升级交互融合的保障*

我国的高职教育已经逐步从量的扩张转移到质的提高。高职专业建设与区域产业转型升级的交互融合是以专业人才供需为主轴，以产业链与专业链的对接为节点，围绕教学质量的保证与评价开展更高水平、更深层次的探索与改革。本章主要围绕推动丝绸之路经济带核心区产教融合发展的现实要求，妥善应对产教"两张皮"，助推两个子系统的交互融合、自我调节运行的保障制度，构建"崇尚劳动、技能光荣"的舆论环境，夯实产教融合发展的社会基础。

10.1 构建高职专业建设与区域产业转型升级融合保障机制的原则

在高职专业建设与区域产业转型升级交互融合中，首先，须充分考虑两个子系统中利益相关者的责任共担、利益共享，促使两个子系统分工明确、协同配合。构建两个子系统融合互动的质量保障体系须遵循目的性、可操作性、监督性、稳定性等原则。

（1）目的性原则

高职专业建设中的专业定位、培养目标、课程体系、教学内容必须与区域产业转型升级需求相一致，与社会需求相匹配，与行业发展相兼顾。因而，在推动高职专业建设与区域产业转型升级交互融合时，要检验专业建设是否达到预期目标，即实现高职院校与区域产业、行业或企业的共生共赢，进而保障高职专业建设的长效性和专业内涵建设的持续性。

---

* 本章由苏华执笔撰写，周芳修改、定稿。

（2）可操作性原则

构建两个子系统交互融合质量保障体系的目的是监督、保障高职专业建设的有效性与精准性，使之能按照一定的流程与操作规范执行，以使两个子系统在融合互动中能实现教学性生产和生产性教学，即在专业建设质量保障体系中一定要保持与实际的建设过程一致，并方便运行。

（3）监督性原则

基于两个子系统交互作用的机理与概念模型，以高素质技术技能人才供需适配、人才质量水平为主线，制定评价反馈标准，设置反馈评价指标体系，凸显知识更新成效、技术创新水平、专业人才就业率、就业匹配度等评价指标反映两者融合的成效，通过全方位的闭环保障系统，对两者融合的理念、模式、方法等及时调整、纠偏，为更好推进两个子系统的交互融合奠定基础。

（4）稳定性原则

产教深度融合、专业—产业的交互融合是一项长期的系统工程，需要多元参与主体的长期贯彻与落实，这就要求质量保障体系在一定时间内保持不变，以此保障两个子系统的融合互动，良性发展。

10.2 高职专业建设与区域产业转型升级融合的保障机制

要推动高职专业建设与区域产业转型升级更好地融合互动，就必须构建完善的保障机制促进两个子系统的自我调节与运行。法律作为一种强制性的社会规范，对深化产教融合具有直接的强制性助推作用，但目前尚未制定产教融合法律法规，尤其是专门针对专业与产业融合互动，规范行业、企业、院校、社会、政府等参与主体在两者融合互动中责、权、利关系的法律法规尚未颁布。因此，要助推高职专业—产业的交互融合水平，须建立健全两者交互融合的动力机制、运行机制、利益分享机制、组织机制、经费保障机制与评价机制等，实现专业教育与生产实践共时、专业技术资源共享、专业课程体系共构、专业师资队伍共建、校企利益共赢的目标，真正提升高职专业建设服务产业转型升级发展，实现高职人才的供给侧改革。

10.2.1 完善两个子系统融合的动力机制

高职专业建设与区域产业转型升级融合互动的动力源于参与主体间的相互作用、相互联系、相互制约，具体而言是利益驱动、优势互补、政策驱动、发展需求等要素的综合作用，即激励高职院校、行业或企业等参与者受政策驱动与市场需求等要素作用产生交互融合意愿，并激发协同的兴趣。

（1）完善基于市场需求的动力机制

由供给侧与需求侧两者协同共演的理论基础可以发现，从促进两者融合互动的动力机制来看，驱动行业或企业参与高职专业建设的因素是市场需求。企业一般会通过市场预测与反馈发现某产品具有较大需求，为了进入该市场，需要投入人、财、物、技术、信息等要素资源，而这些要素有时需要通过协同、共享的模式获取。在当下企业转型升级进程中，其对专业人才与科技具有强大需求，而高职专业建设就围绕人才与科技成果开展活动。因此，完善高职院校与行业或企业融合的动力机制，有助于调动企业对于高职院校中高技术技能人才与技术创新的需求，进而吸引行业或企业参与高职专业建设，优先获得高质量的高职人才与科技成果。

（2）建立健全基于政策的驱动机制

政策是规范高职专业建设活动与产业转型升级活动的依据与保障，只有明确的政策规定才能确保两个子系统的交互融合。因而，可以说，政策体系是促进两个子系统交互融合的前提与基础。

首先，建立促进两个子系统交互融合的宏观政策、制度与体系，以此保护交互融合中利益相关者的合法权益，并给予政策与制度上的规范与支撑；依托科学的产教深度融合驱动政策，如严谨的法律法规、健全的组织内部与组织间协同的规章，使两个子系统进入科学发展的轨道。此外，专门出台企业参与产教融合的激励措施，如税收减免待遇等，也有利于调动行业或企业参与专业建设的积极性与主动性。

其次，完善基于专业—产业共需的技术技能累积创新驱动机制。技术是高职专业建设与产业转型升级共同的需求，通过建立一批专业—产业交互的技术技能累积创新平台，优化创新平台的技术共创共享机制，满足产业升级进程中对于新材料、新技术、新流程、新工艺的需求，驱动行业或企业参与高职专业建设。同时，技术也是高职专业建设的重点与难点，依托技能累积创新平台，调动院校师生主动参与企业的技术创新活动，推动科技成果转化与扩散，实现高职专业服务产业、引领产业发展的目标。

最后，进一步完善针对混合所有制高职院校的相关政策。根据当下混合所有制改革要求，允许具有一定规模与影响力的企业集团投资开设职业院校，并基于混合制管理模式推进两个子系统的交互融合，如建立院校的市场化运作，改变传统的由院系行政班子的议事决策机制。同时，在混合所有制建立院校、改革运行中，政府部门只需要做好监管工作，突出不"越位"、不"缺位"，进而形成高职院校走向产权结构多元化、发展方向市场化、经营管理科学化、人才培养实用化的繁荣局面。

10.2.2 优化职业教育的经费保障机制

经费是促进两个子系统交互融合的经济基础，除了各级政府部门设立的专项建设资金外，还包括各项税收减免政策，如设立两者交互融合的贷款与创新资金，建立风险投资机制，推进两个子系统融合互动的长期、可持续发展。

首先，完善公办职业院校生均拨款制度，建立生均公用经费定额标准定期调整机制。基于发达国家专业—产业融合的经费支持经验，须进一步创新拨款方式，优化经费投入结构，增强对重大项目的经费支持力度。比如，德国基本法明确规定将从国内生产总值中拿出一部分经费来保障产教融合资金的周转；澳大利亚对接受学徒的公司提供资金援助，扩大了资金支持渠道，使企业生产与职业教育更好地融合。

其次，完善社会力量投入高职教育的激励机制。灵活运用财政政策，加强对高职教育发展的统筹管理、分类指导。比如，各级政府建立专业与产业升级融合的政府教育奖励基金，鼓励多层次合作，奖励在融合互动中良好成效的表现者。正如我国浙江、重庆等地，政府建立了产教融合和教育专项基金，支持和奖励实施产教融合较好的优秀用人单位和高校，保障了参与者的利益。此外，还可吸收社会力量，获得各种私人、企业、团体的捐赠，如校友基金，形成教育保护机制，促进产教融合的深度开展，对与企业合作的高职院校提供奖学金、专项基金，对到企业实践培训的师生提供相应报酬。

最后，设立专项资金助推两个子系统的交互融合水平。这也是当下许多发达国家支持高校、企业相互合作、互动的重要手段，如美国、英国、德国、澳大利亚等国把设立产教融合专项资金作为其长久发展的标志，并把相关规定写到法律和法规中。如美国国会通过的《高等教育法》规定，部分资金用于产教融合发展，将其作为单独事务，重点管理；英国政府则拨款125亿英镑，用于促进产教融合项目发展。我们也需要通过在各级政府、大学、企业设立专项资金用于支持产教融合、专业与产业融合发展，将专项资金用于人才培养基地建设，支持高校与企业共同研发课程，支持产业转型升级进程中所需关键技术、共性技术、前瞻性技术的创新，在降低技术创新风险的同时也缓解了资金不足的难题,增强了行业或企业参与高职专业建设的动机与意愿。

最后,为参与企业提供税收减免优惠政策。通过制定健全的税收优惠制度,针对参与高职专业建设的企业给予企业增值税、所得税、教育附加费、营业税等一定程度的减免,调动企业参与高职专业建设的积极性。许多发达国家通过税收优惠来促进政府和中小企业、高校建立合作关系,使企业与高职院校之间产生相互依赖和信任。比如,英国政府对每年投资超过50000英镑、年营业额不到2500万英镑的中小企业,给予减免15%的税收优惠待遇;与高等院校合作没有盈利的中小企业,可以提前申请税收抵免,相当于24%的研发资金重新回到企业手中。

另外,企业可以通过安排学生到企业参加顶岗实践、工学交替等培养学生的实践操作技能,来得到教育税收减免,这是企业与高职院校签订合作协议的前提。许多发达国家也制定了类似的税收调剂政策,如规定每个企业应缴纳增值税额的0.5%～2%来帮助高职院校培养学生的实践动手能力,这是企业为国家、社会承担的责任与义务,若是企业不能履行这一职责,不仅须补缴增值税,还将接受一定程度的处罚。德国政府为了调动企业参与的积极性,也给予了企业一定的税收优惠,即企业培训学生时,必然产生基本的生产成本,对于这部分的教育费用和成本费用,税收全部减免;而加拿大政府则通过退税政策鼓励企业与高校的密切合作,以确保两者的协同。

10.2.3 建立优势互补、互利共赢的共享机制

建立长久的"资源共享、优势互补、互利共赢"的协同制度,用以平衡两个子系统交互融合中参与主体间的利益分配,这也是主体间能诚信合作的保障,有利于真正将两个子系统的交互融合、协同育人落到实处。

(1) 协调统筹核心区内外各类职业教育发展资源

首先,统筹核心区内的优势资源,推动北疆的职业院校与南疆职业院校联合招生,真正破解南疆职业院校专业人才培育资源不足、北疆职业院校生源不足的困境。同时,依托援疆省市对核心区内高职专业建设资源的补给,如联合招生、实训实习、课程建设、师资培训、教学经验等,促进核心区内高职专业—产业的融合水平。

通过构建自治区、各州市的职教联盟实现资源共享、专业特色共建、招生就业联动、高本互通、技能人才共育及社会服务共担等机制。一是领导机制上强化政府主导作用,由政府主管领导担任联盟主要负责人,产业

发展主管部门承担联盟秘书处工作，牵头联盟共建共享工作。二是工作内容上统筹联盟院校专业建设、实训基地建设、师资队伍建设和招生就业，实现联盟内资源优化。三是工作机制上建立招工招生链、专业就业链、教学实训链统筹，实现教学设施、实训设备、师资课程、信息等资源共享、优势互补，逐步在培养目标、专业设置、教学管理、质量监控等方面统一标准，逐步统筹实训基地、教材资源、师资队伍建设以及毕业生推荐就业、对外交流合作等，最大化提高资源利用效率。

（2）建立优质教育资源共享机制

核心区内不同州市的产业经济发展水平存在一定的差异性，其高职专业建设水平也存在较大差异，可以通过结对帮扶的方式促进院校间要素资源的共用共享。如国示范、国骨干院校与普通高职院校结成"一对一"帮扶对子，针对不同的专业推进人才培养模式、课程体系架构与建设、校内外生产性实训基地建设、教学组织形式与教学手段改革等，提升核心区高职专业建设的整体水平。此外，薄弱院校间可通过"校际联动"模式实现沟通交流，促进资源的优化配置、主体间的优势互补与协同发展。

（3）完善系统参与主体的利益共享机制

从微观层面来看，在高职专业建设与企业转型升级的交互融合中，存在学生、院校、企业、教师等利益相关者，实现其各自利益是提升两个子系统融合水平的保障。学生在这个系统中既是求学者，也是工人、推销员、营销师等，存在学费有资助、毕业能就业、就业能对口的利益诉求；教师在这个系统中既是专任教师、课程负责人、专业带头人，也是技术研发员、工程师、项目经理等；企业在这个系统中既是生产主体、经营主体，也是专业建设主体，其生产设备是学生的实训设备，生产车间是学生的实训基地，生产项目是学生项目教学的作业，存在专业人才供给、科学技术创新、产业知识更新等利益诉求。

因而，在推进两个子系统的交互融合中，需要在利益分配机制方面进行体制创新，要处理好两者融合互动过程中的公益性与市场性、服务性与效益性、合作性与竞争性关系。通过校企双方各自在组织、团队、制度、科研和文化方面的管理创新，把高职院校与企业的利益很好地统一起来，并最大限度满足校企双方的利益诉求，如建立技术型人才培养创新机制，鼓励海内外高水平研究型大学参与支持高职院校发展，共同面向产业转型升级，建立科技创新、技术研发和技术创业的协同创新机制，提高高职院校技术创新和引领产业升级的能力；建立互兼互聘机制，由校企协同科技研发、设计课程、编写教材、指导教学等，通过院校、企业的互兼互聘活动，校企双方能取长补短，使专任教师了解产业发展动态、市场需求、企业文化，并提升实践操作技能与水平；参与企业则依托院校的实验室、实训基地及院校科技研发人才，校企联合攻破技术难题，优先获得对口专业人才等利益诉求；而学生则在参与生产与学习中提升专业知识、专业技能与职业素养，实现学费有支持、毕业能就业、就业能对口的利益诉求。

10.2.4 建立行业、企业、院校协同治理机制

（1）建立行业、企业、高职院校协同治理机构

首先，建立"负面清单"制度。一方面须扩大高职院校二级学院在专业设置与调整、专业建设、教师评聘、收入分配等教学管理活动中的自主权；另一方面，依托职业教育多元主体协同治理的要求，调动行业、企业、社会组织参与高职专业建设的积极性，发挥其在高职专业建设中的主体地位与作用。

其次，建立高职院校、行业、企业、社区等共同参与的理事会（董事会）合作机制，在参与主体中，至少50％的成员来自企业、行业、社区、社会组织等，并进一步明确在高职院校治理，尤其是专业建设过程中，行业或企业、社会组织等的职权和职责。比如设立专业指导委员会来协调高职专业的设置与调整、专业人才培养目标确定、人才培养模式的设计等工作，并着力解决两个子系统交互进程中出现的重大问题；设立教学工作指导委员会，主要承担校企协同开展课程体系架构、教材编写与建设、实验实训项目设计、教学组织与方法的创新等；设立订单和就业委员会，主要承担专业人才的订单培育计划、企业顶岗实践、毕业生实习、就业推荐与选聘等工作；而社会服务委员会则主要承担校企协同技术创新、产品研发、成果转化、学员培训等任务，进而提升两个子系统的交互融合水平，实现高职专业人才对产业转型升级所需人才的精准供给。

（2）建立规模以上企业参与高职教育发展机制

通过建立健全校企合作激励机制，调动行业、企业参与高职教育、专业建设的积极性与主动性，发挥主体作用。尤其是针对规模以上企业，若每年设置不低于5％比例的岗位给予合作的高职院校学生顶岗实习和专任教师来企业实践，针对企业接受学生实习或教师实践实际所发生的合理成本支出，按照现行法律规定，在其纳税额中给予扣除；同时，鼓励行业或企业中的技术骨干、工程师、能工巧匠前往高职院校担任兼职教师，承担实验实训课程指导、毕业设计指导等，并获得相应的收入。依托企业参与

高职专业建设机制的保障作用，促进行业或企业积极参与各项专业建设任务，真正实现专业与产业的交互融合，提升专业培育人才与产业转型升级的适配性。

10.2.5 强化专业与产业升级融合的督导评价机制

制订《新疆维吾尔自治区专业与产业转型升级融合的督导评估办法》，加强对各级政府及有关部门落实产教融合活动的督导力度。在具体的专项督导活动中，重点督导企业参与高职专业建设的内容、经费投入水平、专业—产业结构适配性、高职专业服务产业转型升级等。另外，还须强化督导反馈作用，将专业—产业融合水平纳入核心区各州市职教工作考核及政府绩效考核内容。

在具体的两者融合评价指标中，依据学习主体、合作主体间的"满意度"进行系统评估，具体包括学生的满意度、企业的满意度、学校的满意度、社会的满意度与政府的满意度这五个维度。在具体的评估中须分为高职院校、生产企业的内部评价，行业组织第三方质量评价两个层面进行。其中，高职院校内部评价内容重点考察两个子系统融合的组织与领导、职责履行、人才培养方案、实训基地建设、毕业生社会声誉、教师科技成果转化等；生产企业内部评价主要考察技术培训、订单完成、新产品开发、新技术引进等；行业组织第三方质量评价则聚焦高职专业建设中的人才培育规模、结构、质量与产业转型升级所需的适配度评估，并及时反馈与修正。同时，通过制定具体标准，开展两个子系统融合的督导检查，合理制定各种奖惩措施，以调动产教融合各方的积极性。

10.3 本章小结

本章根据丝绸之路经济带核心区新疆的高职专业建设与产业转型升级的交互融合发展目标、战略定位、对策举措，基于目的性、可操作性、监督性、稳定性等原则，完善融合的驱动机制、建立经费保障机制、健全资源共享机制、建立高职专业建设协同治理机制、强化专业—产业融合评价机制，为核心区两个子系统的交互融合提供支撑与保障。

11 研究结论与未来研究展望

本研究基于协同共演理论、利益相关者理论、供给侧改革思想等构建高职专业建设与区域产业转型升级融合的作用机理、概念模型、耦合协调度模型等，测度丝绸之路经济带核心区两个子系统的融合互动水平，诊断存在的问题和成因，规划、制定相应的发展路径与应对措施。具体的研究结论与未来的研究方向总结如下。

11.1 研究结论

（1）基于协同共演理论、利益相关者理论、供给侧改革思想、不平衡理论、增长极理论等，将高职专业建设子系统与区域产业转型升级子系统置于统一开放的生态系统中，并从供给侧与需求侧两个方面分析两个子系统的协同共演进程，构建两者融合互动的概念模型，为后续两个子系统的融合互动实证分析奠定理论基础。

（2）本研究基于协同共演理论，从规模、结构、质量等三个维度构建两个子系统各自的评价指标体系，其中，高职专业建设子系统设计了3个一级指标、6个二级指标；区域产业转型升级设计了3个一级指标、6个二级指标和18个三级指标；使用熵权法确定各级指标的权重，并通过耦合度模型、协调度模型、耦合协调度模型分析两个子系统的融合互动水平，为诊断两者融合互动中存在的问题及背后的根源奠定基础。

（3）以丝绸之路经济带核心区新疆为研究对象，通过《新疆统计年鉴2012》《新疆统计年鉴2013》《新疆统计年鉴2014》《新疆统计年鉴2015》《新疆统计年鉴2016》《新疆统计年鉴2017》《新疆统计年鉴2018》的面板数据计算核心区各州市重点产业转型升级的综合得分，通过对新疆地区28所高职院校的系统调研与访谈数据计算新疆高职院校专业建设的综合得分，并依据耦合度指数、协调度指数、耦合协调度指数对该地区高职专业建设与区域产业转型升级融合水平进行测度，具体的实证检验结果总结如下：

首先，随着"一带一路"倡议的推进，丝绸之路经济带核心区进入产业转型升级快速发展阶段，与之所对应的高职专业建设子系统与产业转型升级子系统的综合评分呈上升趋势，但由于两个子系统的综合指数低，且存在不适配的现象，两者的耦合度不够平衡，协调度水平较低，造成两个子系统的整体耦合协调度不够理想，除乌鲁木齐为濒临失调外，其余地区均处于更严重的失调状态。

其次，高职专业—产业耦合协调度水平跟区域经济发展水平呈现显著的正相关，经济发展较快的被调研地区基本处于濒临失调或轻度协调状态，而经济发展较慢的被调研地区两个子系统处于中度失调状态。

再次，核心区内不同州市的高职专业建设与产业转型升级耦合协调度差距较大，区域间并未形成强大的辐射联动作用。出现这一问题的根源在于区域高职专业规模跟不上产业转型升级速度，专业结构调整与产业结构适配度不够高，专业建设人财物投入存在不足等。

（4）以新疆昌吉州为典型案例，具体解析该地区两个子系统交互融合的现状，以点带面，更深入细致地展示两个子系统以高技术技能人才供需为主线，在规模、结构与质量方面的适配度，更全面地分析该地区两个子系统的融合互动情况。

（5）总结核心区高职专业—产业交互融合中存在的规模、结构、质量方面问题，并从法律法规和制度缺失、体制机制局限、建设经费不足等方面挖掘问题背后的真实原因，进而从主体融合、要素融合、结构融合和空间融合等四个方面制定具体可行的发展举措。

（6）根据丝绸之路经济带核心区两个子系统融合互动的发展定位、战略定位、发展举措，基于目的性、可操作性、监督性、稳定性等原则，完善融合的动力机制、建立经费的保障机制、创建优势互补的共享机制、优化校企协同的治理机制、强化高职专业—产业融合的督导评价机制，为核心区两个子系统的融合互动提供支撑。

11.2 未来研究展望

本研究运用协同共演理论系统分析了丝绸之路经济带核心区各地点、

各时点高职专业—产业的耦合协调度，诊断"专业—产业"链中存在的问题，为实现丝绸之路核心区人才供需协调一致提供依据。运用2011—2018年《新疆统计年鉴》中的面板数据测度各地区产业转型升级综合水平，通过各地所属高职院校专业规模、专业结构与专业质量调研结果测算高职专业建设综合水平，较全面地分析丝绸之路核心区专业与产业整体融合水平。但这类分析属于整体分析，须进一步从更微观的视角分析丝绸之路核心区各地重点产业转型升级与专业建设的耦合协调度水平，为精确诊断各州市两个子系统的融合问题与成因奠定基础，进而以点带面辐射全疆，探索丝绸之路核心区新疆两个子系统的融合路径与发展对策，为发挥丝绸之路核心区战略作用，促进人才供需衔接、产业转型升级、经济社会稳定发展打下坚实基础。

附 录

调研问卷 1

关于"高职专业建设与区域产业转型升级融合现状"的调查问卷（专业带头人卷）

尊敬的老师：

您好！为了深入探究丝绸之路经济带核心区的高职院校专业建设与产业转型升级融合路径，推动产教深度融合发展，课题组设计了如下问卷。请您根据所在高职院校的实际情况，帮助填写问卷，您的回答对我们的研究和工作非常重要。本次调研仅供研究之用，不涉及商业机密。

衷心感谢您的大力支持与配合！

教育部人文社科研究项目组

2018 年 8 月 5 日

1. 您的性别（　　）。
   A. 男性　　　B. 女性
2. 您的职称（　　）。
   A. 讲师　　　B. 副教授　　　C. 教授　　　D. 其他_____
3. 您的学历（　　）。
   A. 专科　　　B. 本科　　　C. 硕士研究生　　　D. 博士研究生
4. 您负责的专业名称是_____。
5. 贵专业属于（　　）。
   A. 院级重点建设专业　　　B. 市级重点建设专业
   C. 自治区重点建设专业　　　D. 国家级重点建设专业
   E. 自治区特色专业　　　F. 其他_____

6. 贵专业拥有企业工作经历的教师比重为（　　）。

A. 5%以下　　B. 5%～10%　　C. 10%～15%　　D. 15%～20%

E. 20%以上

7. 贵专业一线专任教师5年内企业挂职锻炼（6个月以上）的比例为（　　）。

A. 20%以下　　B. 20%～50%　　C. 50%～80%　　D. 80%以上

8. 对照"双师型"教师标准，您认为专任教师最需要提高的能力是（　　）。

A. 工种能力等级　　　　　B. 教育教学方法

C. 企业实践经验　　　　　D. 科研能力

E. 其他能力_____

9. 贵专业2018年的招生计划人数为（　　）。

A. 50人以下　　　　　　B. 51～100人

C. 101～150人　　　　　D. 151人以上

10. 确定贵专业招生人数的依据为（　　）。（可多选）

A. 学校规定招生人数　　　B. 往年招生情况

C. 行业或企业的需求量　　D. 其他_____

11. 贵专业学生顶岗实习的时间一般有多长？（　　）

A. 3个月以下　　　　　　B. 4～6个月

C. 7～12个月　　　　　　D. 12个月以上

12. 由学校安排的学生顶岗实习比例为（　　）。

A. 80%以上学生在合作单位顶岗实习

B. 50%～80%学生在合作单位顶岗实习

C. 20%～50%学生在合作单位顶岗实习

D. 20%以下学生在合作单位顶岗实习

13. 贵专业的紧密型合作企业数量有几家？（　　）

A. 3家以内　　　　　　　B. 4～6家

C. 7～9家　　　　　　　　D. 10家以上

14. 贵专业合作企业中规模以上企业占比为（　　）。

A. 20%以下　　　　　　　B. 20%～40%

C. 40%～60%　　　　　　D. 60%～80%

E. 80%以上

15. 贵专业建设在与行业或企业合作中，所起作用最大的机构是（　　）。

A. 紧密型合作企业　　　　　B. 行业协会
C. 科研机构　　　　　　　　D. 产教联盟
E. 社会团体　　　　　　　　F. 其他_____

16. 贵校在与企业合作时，是否签订书面的合作协议？(　　)
    A. 是　　　　B. 否

17. 贵专业与合作单位的合作时间一般为(　　)。
    A. 少于1年　　B. 1～2年　　C. 3～4年　　D. 5年以上

18. 贵校专业设置与行业或企业需求紧密程度(　　)。
    A. 十分紧密　　B. 比较紧密　　C. 一般　　D. 不够紧密
    E. 不相关　　F. 视不同专业而定

19. 专业建设与行业、企业合作的内容有哪些？(　　)（可多选）
    A. 根据行业或企业需求合作设置专业
    B. 校企共同确定专业标准
    C. 校企联合开发课程体系
    D. 校企联合推出课程、教材、教学辅助产品
    E. 校企共同推进学生技能鉴定
    F. 校企合作组织开展师生技能竞赛
    G. 实现校企人员互兼互聘
    H. 为学生提供实验、实训、实习场地
    I. 为教师提供顶岗实践场所

20. 由合作企业提供的专业建设资源有哪些？(　　)（可多选）
    A. 实验实训设备　　　　　B. 资金
    C. 技术专家　　　　　　　D. 技术与信息
    E. 品牌资源　　　　　　　F. 其他_____

21. 您认为行业或企业、社会团体等参与贵专业建设的积极性如何？
    (　　)
    A. 十分积极　　B. 比较积极　　C. 一般　　D. 不够积极
    E. 很不积极

22. 您认为行业、企业参与专业建设最希望获得的回报有哪些？
    (　　)（可多选）
    A. 用工优先权　　　　　　B. 解决员工培训的专业技术支持
    C. 宣传企业品牌　　　　　D. 协助企业完成应急性任务
    E. 资源共享　　　　　　　F. 其他_____

23. 您认为以下哪些因素制约行业或企业参与高职专业建设的积极性?（　　）（可多选）

  A. 政府缺乏相关鼓励优惠政策　B. 企业利益得不到保证

  C. 缺乏有效的合作机制　　　　D. 院校的主动性不强

  E. 缺乏合作平台　　　　　　　F. 合作企业的参与意识不强

  G. 师资力量薄弱，达不到企业要求

  H. 校企双方职责不明确　　　　I. 系统保障机制不够健全

  J. 其他_____

24. 您对贵校开展的专业与产业融合活动的评价?（　　）

  A. 紧密合作，促进专业建设与教育教学改革

  B. 签订合作协议，以安置学生实习为主

  C. 流于形式，没有实质性的合作内容

  D. 视专业而定，有些专业的合作企业难求

  E. 其他_____

25. 您认为专业建设与产业转型升级融合的难点和关键点在哪里？如何破解？

_____

_____

_____

调研问卷 2

关于"高职专业建设与区域产业转型升级融合现状"的调查问卷(教务处卷)

尊敬的领导:

您好!为了深入了解丝绸之路经济带核心区高职院校专业建设与产业转型升级融合发展的现状,制定推动产教深度融合的对策建议,课题组设计了如下问卷。请您根据本校专业建设的实际情况如实填写问卷,您的回答对我们的研究工作非常重要。本次调研仅供研究之用,不涉及商业机密。

衷心感谢您的大力支持与配合!

教育部人文社科研究项目组
2018 年 8 月 5 日

1. 贵校的名称为:_____。
2. 贵校的性质(　　)。
A. 公办院校　　B. 民办院校　　C. 其他_____
3. 贵校的层次(　　)。
A. 国示范　　B. 省示范　　C. 国骨干　　D. 普通高职院校
4. 贵校的教职工总人数_____,在校生总人数_____。
5. 贵校的专业数量_____。
6. 贵校的院级及以上重点专业、特色专业有哪些?
_____
_____
7. 贵校参加的产教联盟等中介组织有哪些?
_____
_____

8. 贵校与行业或企业、社会团体、科研机构等在哪些方面合作？（　　）（可多选）

  A. 联合实施订单培养，为学生提供实训、实习基地

  B. 参与专业人才培养方案的设计与修订

  C. 在校内投资建立生产性实习基地

  D. 为学校专业教学提供先进的设施、设备

  E. 为学校专业教学提供企业兼职教师

  F. 为学生专业学习、毕业实践提供企业兼职导师

  G. 为教师提供企业实践场所与岗位

  H. 联合攻关科学技术难题

  I. 委托学校进行企业员工培训

  J. 暂时没有建立任何合作关系

  K. 其他_____

9. 贵校与行业或企业开展合作的主要动因是（　　）（可多选）

  A. 政府强制推进　　　　　B. 院校要求推进

  C. 院校教科研的需要　　　D. 企业主动提供服务

  E. 其他_____

10. 贵校有无建立专业预警机制或动态调整机制？（　　）

  A. 有　　　　B. 无

11. 贵校开展专业与产业融合发展时，是否制定了相应的制度条约？（　　）（回答"是"的请回答第12题）

  A. 是　　　　B. 否

12. 贵校如果制定了相关的产教融合制度条约，其制定的依据是什么？（　　）

  A. 国家出台的相关制度条约

  B. 地方政府出台的相关制度条约

  C. 其他_____

13. 请您对贵校开展的专业与产业融合活动做出评价？（　　）

  A. 紧密合作，促进专业建设与教育教学改革

  B. 签订合作协议，以安置学生实习为主

  C. 流于形式，没有实质性的合作内容

  D. 根据专业而定，有些专业的合作企业难求

  E. 其他_____

14. 为促进高职专业建设与区域产业转型升级融合发展,您认为哪些环节亟需改进?(　　)(可多选)

A. 产教融合机制　　　　B. 共赢的合作模式
C. 产教融合的效益评价　D. 产教融合的反馈机制
E. 其他_____

15. 您认为目前高职院校的专业建设与区域产业转型升级融合的难点和关键点是什么?如何破解?
_____
_____。

16. 请您提供贵校 1~2 个专业建设与区域产业转型融合的典型案例(如合作方式、合作内容、合作机制、合作成果等)。
_____
_____。

调研问卷 3

关于"高职专业建设与区域产业转型升级融合现状"的调查问卷（学生卷）

亲爱的同学：

您好！为了深入了解丝绸之路经济带核心区高职专业建设与产业转型升级融合现状，课题组设计了如下问卷。请您根据自身的实际情况认真填写问卷，您的回答对我们的研究工作非常重要。

感谢您的大力支持与配合！

教育部人文社科研究项目组
2018 年 8 月 5 日

1. 您的年龄_____。
2. 您的性别_____。
3. 所在院校_____。
4. 所学专业_____。
5. 您在校学习期间，贵校组织了哪些与行业或企业接触的活动？（   ）（可多选）
   A. 组织到企业参观学习　　　B. 邀请企业专家做讲座
   C. 邀请企业技术人员来校授课　D. 组建企业冠名班
   E. 组建企业订单班　　　　　F. 组织与专业有关的社会调查
   G. 组织校园招聘会　　　　　H. 其他_____
6. 贵校的专业实训课程主要安排在哪里？（   ）（可多选）
   A. 校内实训室　　　　　　　B. 校内生产性实训基地
   C. 校外实训基地　　　　　　D. 其他_____
7. 在课程学习中，您对授课教师的实操技能的满意度（   ）。
   A. 十分满意　　　　　　　　B. 比较满意
   C. 一般　　　　　　　　　　D. 不怎么满意
   E. 十分不满

8. 您认为授课教师课堂教学理论联系实际的水平（　　）。
   A. 十分紧密　　　　　　　　B. 比较紧密
   C. 一般　　　　　　　　　　D. 不够紧密
   E. 毫无联系

9. 您对校内实训基地的满意度（　　）。
   A. 十分满意　　　　　　　　B. 比较满意
   C. 一般　　　　　　　　　　D. 不怎么满意
   E. 十分不满

10. 您对校外实训基地的满意度（　　）。
    A. 十分满意　　　　　　　　B. 比较满意
    C. 一般　　　　　　　　　　D. 不怎么满意
    E. 十分不满

11. 在校学习期间，您对所学专业对应的工作岗位及要求的了解程度？（　　）
    A. 十分了解　　　　　　　　B. 比较了解
    C. 一般　　　　　　　　　　D. 不够了解
    E. 完全不了解

12. 在校学习期间，您是通过何种途径了解专业对应岗位工作任务的？（　　）
    A. 专业课学习　　　　　　　B. 企业专家介绍
    C. 企业参观学习　　　　　　D. 企业顶岗实习
    E. 自己调查　　　　　　　　F. 其他_____

13. 您是通过何种方式找到实习单位的？（　　）
    A. 学校统一安排　　　　　　B. 自己联系的
    C. 家长、亲戚朋友介绍　　　D. 校园招聘会
    F. 其他_____

14. 您所学专业与社会需求的紧密程度（　　）。
    A. 十分紧密　　　　　　　　B. 比较紧密
    C. 一般　　　　　　　　　　D. 不够紧密
    E. 毫无关系

15. 您所学专业找到实习单位的难易程度（　　）。
    A. 十分容易　　　　　　　　B. 比较容易
    C. 一般　　　　　　　　　　D. 比较困难

E. 十分困难

16. 您所学专业找到对口工作的难易程度（　　　）。

A. 十分容易　　　　　　　　B. 比较容易

C. 一般　　　　　　　　　　D. 比较困难

E. 十分困难

17. 在您实习阶段，学校是如何开展监管的？（　　　）（可多选）

A. 实习指导老师跟踪指导　　B. 学校老师定期看望

C. 学生定期返校汇报　　　　D. 实习小组长定期汇报

E. 其他，请说明_____

18. 产教融合对您所学专业知识、技能带来的帮助有多大？（　　　）

A. 非常有帮助　　　　　　　B. 比较有帮助

C. 一般　　　　　　　　　　D. 帮助不大

E. 毫无帮助

调研问卷 4

关于"区域重点产业高技能人才需求现状"的调研问卷（人社局卷）

尊敬的领导：

您好！为了深入了解丝绸之路经济带核心区的高职院校专业建设与产业转型升级的融合现状，为制定产教深度融合对策建议，课题组设计了如下问卷来了解区域重点产业对高技能人才的需求现状。请您根据本地区产业发展的实际情况填写这份问卷，您的回答对我们的研究工作非常重要。本次调研仅供研究之用，不涉及商业机密。

衷心感谢您的大力支持与配合！

教育部人文社科研究项目组
2018 年 8 月 5 日

1. 您所在的区域是（　　）。
   A. 乌鲁木齐市　　　　　　B. 昌吉回族自治州
   C. 克拉玛依市　　　　　　D. 伊犁哈萨克自治州
   E. 阿克苏地区　　　　　　F. 其他地区_____

2. 在如下国民经济行业的二十个门类中，本地区的重点产业有哪几类？（　　）（可多选）
   A. 采矿业
   B. 制造业
   C. 电力、热力、燃气、水生产和供应业
   D. 建筑业
   E. 批发和零售业
   F. 交通运输、仓储和邮政业
   G. 住宿和餐饮业
   H. 信息传输、软件和信息技术服务业
   I. 金融业

J. 房地产业

K. 租赁和商业服务业

L. 科学研究和技术服务业

M. 水利、环境和公共设施管理业

N. 居民服务、修理和其他服务业

O. 教育

P. 卫生和社会服务

Q. 文化、体育和娱乐业

R. 公共管理、社会保障和社会组织

S. 国际组织

3. 本地区哪些行业人才较为紧缺（　　）。（排序前5位）

A. 采矿业

B. 制造业

C. 电力、热力、燃气、水生产和供应业

D. 建筑业

E. 批发和零售业

F. 交通运输、仓储和邮政业

G. 住宿和餐饮业

H. 信息传输、软件和信息技术服务业

I. 金融业

J. 房地产业

K. 租赁和商业服务业

L. 科学研究和技术服务业

M. 水利、环境和公共设施管理业

N. 居民服务、修理和其他服务业

O. 教育

P. 卫生和社会服务

Q. 文化、体育和娱乐业

R. 公共管理、社会保障和社会组织

S. 国际组织

4. 本地区高技能人才需求排名前五位的是哪几类专业？（　　）（排序前5位）

A. 机械工程类　　　　　　B. 电子科学与技术

C. 电气工程类　　　　　　D. 建筑学类
E. 计算机科学及通信工程类　F. 环境科学与工程专业
G. 工商管理类　　　　　　H. 金融类
I. 国际贸易类　　　　　　J. 外语类
K. 其他_____

5. 需求排名第一位的高技能人才专业_____，未来 3 年的人才需求量_____人；

   需求排名第二位的高技能人才专业_____，未来 3 年的人才需求量_____人；

   需求排名第三位的高技能人才专业_____，未来 3 年的人才需求量_____人；

   需求排名第四位的高技能人才专业_____，未来 3 年的人才需求量_____人；

   需求排名第五位的高技能人才专业_____，未来 3 年的人才需求量_____人。

6. 本地区高技能人才的薪酬水平是平均每月多少元？（　　）
   A. 1000～2000 元　　　　B. 2000～3000 元
   C. 3000～4000 元　　　　D. 4000～5000 元
   E. 5000 元以上

7. 近三年来，本地区对重点产业开展高技能人才职业培训情况。
   2018 年培训高技能人才_____人；
   2017 年培训高技能人才_____人；
   2016 年培训高技能人才_____人。

8. 本地区高技能人才紧缺的主要原因是（　　）。
   A. 市场上符合岗位能力的人才数量少
   B. 专业对口领域的人才数量少
   C. 新兴产业、新增业务导致人才稀缺
   D. 员工流动率大
   E. 工作地点偏远
   F. 其他_____

9. 本地区高技能人才招聘的主要渠道是（　　）。
   A. 内部员工推荐　　　　　B. 中介网站招聘
   C. 现场招聘会　　　　　　D. 媒体广告招聘

E. 校园招聘会 　　　　　　F. 人力资源公众平台招聘

G. 其他＿＿＿＿＿＿

10. 企业对高技能人才获取技能证书的重视程度？（　　）

A. 十分重视 　　　　　　B. 比较重视

C. 一般 　　　　　　　　D. 不够重视

E. 完全不重视

11. 在企业招聘高职人才时，最关注高职学生的哪类成绩？（　　）

A. 专业课成绩 　　　　　B. 英语成绩

C. 计算机成绩 　　　　　D. 实践/实习成绩

E. 其他＿＿＿＿＿＿

12. 企业最看重高职院校学生的品质（　　）。（请排序前3项）

A. 敬业精神 　　　　　　B. 团队合作精神

C. 对企业的忠诚度 　　　D. 积极主动性

E. 吃苦耐劳 　　　　　　F. 诚实守信

G. 责任心 　　　　　　　H. 其他＿＿＿＿＿＿

13. 企业最关注高职院校学生的能力（　　）。（请排序前3项）

A. 创新能力 　　　　　　B. 沟通能力

C. 学习能力 　　　　　　D. 协作能力

F. 专业技能 　　　　　　G. 社交能力

H. 其他＿＿＿＿＿＿

14. 对职教联盟、产教联盟领导下的各大职教集团在高职技能人才培养方面有何具体意见或建议？

_____

_____。

调研问卷 5

关于"乌鲁木齐市重点产业高职专业人才需求现状"的调研问卷（企业卷）

乌鲁木齐市紧抓国家培育和发展战略性新兴产业的机遇，结合丝绸之路经济带核心区建设的有利时机，基于《关于加快乌鲁木齐市工业重点产业集群发展的意见》，围绕产业发展战略，推进化工、先进装备、新材料、新能源、信息、轻工业、金属制品、纺织服装八大产业集群及产业集聚区建设。

到 2020 年，八大产业集群产值突破 5000 亿元，其中，化工产业、先进装备制造业、硅铝基电子材料、高分子膜材料产业产值达到千亿规模，新能源产业达到 250 亿元、信息产业产值达到千亿规模、轻工产业达到 650 亿元、金属制品达到 350 亿元、纺织服装达到 100 亿元规模。课题组以"高职院校专业建设与区域产业转型升级融合研究"为主题，针对乌鲁木齐市重点产业的发展目标，系统调研重点产业对高职专业人才的需求现状，为乌鲁木齐的重点产业与高职专业建设融合路径的探索奠定基础。

感谢您的参与！

教育部人文社科研究项目组
2018 年 8 月 10 日

重点产业	岗位名称	年龄结构	专业背景	技术等级要求	人才需求数量	人才主要来源	人才紧缺程度	高职毕业生用工满意度	高职毕业生岗位胜任问题
化工产业		① 51岁以上 ② 36～50岁 ③ 28～35岁 ④ 28岁以下 ⑤ 不限		① 高级技师 ② 工技师 ③ 高级工 ④ 中级工 ⑤ 初级工 ⑥ 不限			① 十分紧缺 ② 比较紧缺 ③ 一般 ④ 不怎么紧缺 ⑤ 不紧缺	① 十分满意 ② 比较满意 ③ 一般 ④ 不怎么满意 ⑤ 不满意	

续表

重点产业	岗位名称	年龄结构	专业背景	技术等级要求	人才需求数量	人才主要来源	人才紧缺程度	高职毕业生用工满意度	高职毕业生岗位胜任问题
化工产业		① 51岁以上 ② 36~50岁 ③ 28~35岁 ④ 28岁以下 ⑤ 不限		① 高级技师 ② 工技师 ③ 高级工 ④ 中级工 ⑤ 初级工 ⑥ 不限			① 十分紧缺 ② 比较紧缺 ③ 一般 ④ 不怎么紧缺 ⑤ 不紧缺	① 十分满意 ② 比较满意 ③ 一般 ④ 不怎么满意 ⑤ 不满意	
		① 51岁以上 ② 36~50岁 ③ 28~35岁 ④ 28岁以下 ⑤ 不限		① 高级技师 ② 工技师 ③ 高级工 ④ 中级工 ⑤ 初级工 ⑥ 不限			① 十分紧缺 ② 比较紧缺 ③ 一般 ④ 不怎么紧缺 ⑤ 不紧缺	① 十分满意 ② 比较满意 ③ 一般 ④ 不怎么满意 ⑤ 不满意	
先进装备制造业		① 51岁以上 ② 36~50岁 ③ 28~35岁 ④ 28岁以下 ⑤ 不限		① 高级技师 ② 工技师 ③ 高级工 ④ 中级工 ⑤ 初级工 ⑥ 不限			① 十分紧缺 ② 比较紧缺 ③ 一般 ④ 不怎么紧缺 ⑤ 不紧缺	① 十分满意 ② 比较满意 ③ 一般 ④ 不怎么满意 ⑤ 不满意	
		① 51岁以上 ② 36~50岁 ③ 28~35岁 ④ 28岁以下 ⑤ 不限		① 高级技师 ② 工技师 ③ 高级工 ④ 中级工 ⑤ 初级工 ⑥ 不限			① 十分紧缺 ② 比较紧缺 ③ 一般 ④ 不怎么紧缺 ⑤ 不紧缺	① 十分满意 ② 比较满意 ③ 一般 ④ 不怎么满意 ⑤ 不满意	
		① 51岁以上 ② 36~50岁 ③ 28~35岁 ④ 28岁以下 ⑤ 不限		① 高级技师 ② 工技师 ③ 高级工 ④ 中级工 ⑤ 初级工 ⑥ 不限			① 十分紧缺 ② 比较紧缺 ③ 一般 ④ 不怎么紧缺 ⑤ 不紧缺	① 十分满意 ② 比较满意 ③ 一般 ④ 不怎么满意 ⑤ 不满意	

续表

重点产业	岗位名称	年龄结构	专业背景	技术等级要求	人才需求数量	人才主要来源	人才紧缺程度	高职毕业生用工满意度	高职毕业生岗位胜任问题
先进装备制造业		① 51岁以上 ② 36~50岁 ③ 28~35岁 ④ 28岁以下 ⑤ 不限		① 高级技师 ② 工技师 ③ 高级工 ④ 中级工 ⑤ 初级工 ⑥ 不限			① 十分紧缺 ② 比较紧缺 ③ 一般 ④ 不怎么紧缺 ⑤ 不紧缺	① 十分满意 ② 比较满意 ③ 一般 ④ 不怎么满意 ⑤ 不满意	
新材料		① 51岁以上 ② 36~50岁 ③ 28~35岁 ④ 28岁以下 ⑤ 不限		① 高级技师 ② 工技师 ③ 高级工 ④ 中级工 ⑤ 初级工 ⑥ 不限			① 十分紧缺 ② 比较紧缺 ③ 一般 ④ 不怎么紧缺 ⑤ 不紧缺	① 十分满意 ② 比较满意 ③ 一般 ④ 不怎么满意 ⑤ 不满意	
		① 51岁以上 ② 36~50岁 ③ 28~35岁 ④ 28岁以下 ⑤ 不限		① 高级技师 ② 工技师 ③ 高级工 ④ 中级工 ⑤ 初级工 ⑥ 不限			① 十分紧缺 ② 比较紧缺 ③ 一般 ④ 不怎么紧缺 ⑤ 不紧缺	① 十分满意 ② 比较满意 ③ 一般 ④ 不怎么满意 ⑤ 不满意	
		① 51岁以上 ② 36~50岁 ③ 28~35岁 ④ 28岁以下 ⑤ 不限		① 高级技师 ② 工技师 ③ 高级工 ④ 中级工 ⑤ 初级工 ⑥ 不限			① 十分紧缺 ② 比较紧缺 ③ 一般 ④ 不怎么紧缺 ⑤ 不紧缺	① 十分满意 ② 比较满意 ③ 一般 ④ 不怎么满意 ⑤ 不满意	
		① 51岁以上 ② 36~50岁 ③ 28~35岁 ④ 28岁以下 ⑤ 不限		① 高级技师 ② 工技师 ③ 高级工 ④ 中级工 ⑤ 初级工 ⑥ 不限			① 十分紧缺 ② 比较紧缺 ③ 一般 ④ 不怎么紧缺 ⑤ 不紧缺	① 十分满意 ② 比较满意 ③ 一般 ④ 不怎么满意 ⑤ 不满意	

续表

重点产业	岗位名称	年龄结构	专业背景	技术等级要求	人才需求数量	人才主要来源	人才紧缺程度	高职毕业生用工满意度	高职毕业生岗位胜任问题
新能源		① 51岁以上 ② 36～50岁 ③ 28～35岁 ④ 28岁以下 ⑤ 不限		① 高级技师 ② 工技师 ③ 高级工 ④ 中级工 ⑤ 初级工 ⑥ 不限			① 十分紧缺 ② 比较紧缺 ③ 一般 ④ 不怎么紧缺 ⑤ 不紧缺	① 十分满意 ② 比较满意 ③ 一般 ④ 不怎么满意 ⑤ 不满意	
		① 51岁以上 ② 36～50岁 ③ 28～35岁 ④ 28岁以下 ⑤ 不限		① 高级技师 ② 工技师 ③ 高级工 ④ 中级工 ⑤ 初级工 ⑥ 不限			① 十分紧缺 ② 比较紧缺 ③ 一般 ④ 不怎么紧缺 ⑤ 不紧缺	① 十分满意 ② 比较满意 ③ 一般 ④ 不怎么满意 ⑤ 不满意	
		① 51岁以上 ② 36～50岁 ③ 28～35岁 ④ 28岁以下 ⑤ 不限		① 高级技师 ② 工技师 ③ 高级工 ④ 中级工 ⑤ 初级工 ⑥ 不限			① 十分紧缺 ② 比较紧缺 ③ 一般 ④ 不怎么紧缺 ⑤ 不紧缺	① 十分满意 ② 比较满意 ③ 一般 ④ 不怎么满意 ⑤ 不满意	
		① 51岁以上 ② 36～50岁 ③ 28～35岁 ④ 28岁以下 ⑤ 不限		① 高级技师 ② 工技师 ③ 高级工 ④ 中级工 ⑤ 初级工 ⑥ 不限			① 十分紧缺 ② 比较紧缺 ③ 一般 ④ 不怎么紧缺 ⑤ 不紧缺	① 十分满意 ② 比较满意 ③ 一般 ④ 不怎么满意 ⑤ 不满意	
信息产业		① 51岁以上 ② 36～50岁 ③ 28～35岁 ④ 28岁以下 ⑤ 不限		① 高级技师 ② 工技师 ③ 高级工 ④ 中级工 ⑤ 初级工 ⑥ 不限			① 十分紧缺 ② 比较紧缺 ③ 一般 ④ 不怎么紧缺 ⑤ 不紧缺	① 十分满意 ② 比较满意 ③ 一般 ④ 不怎么满意 ⑤ 不满意	

续表

重点产业	岗位名称	年龄结构	专业背景	技术等级要求	人才需求数量	人才主要来源	人才紧缺程度	高职毕业生用工满意度	高职毕业生岗位胜任问题
信息产业		① 51岁以上 ② 36～50岁 ③ 28～35岁 ④ 28岁以下 ⑤ 不限		① 高级技师 ② 工技师 ③ 高级工 ④ 中级工 ⑤ 初级工 ⑥ 不限			① 十分紧缺 ② 比较紧缺 ③ 一般 ④ 不怎么紧缺 ⑤ 不紧缺	① 十分满意 ② 比较满意 ③ 一般 ④ 不怎么满意 ⑤ 不满意	
		① 51岁以上 ② 36～50岁 ③ 28～35岁 ④ 28岁以下 ⑤ 不限		① 高级技师 ② 工技师 ③ 高级工 ④ 中级工 ⑤ 初级工 ⑥ 不限			① 十分紧缺 ② 比较紧缺 ③ 一般 ④ 不怎么紧缺 ⑤ 不紧缺	① 十分满意 ② 比较满意 ③ 一般 ④ 不怎么满意 ⑤ 不满意	
		① 51岁以上 ② 36～50岁 ③ 28～35岁 ④ 28岁以下 ⑤ 不限		① 高级技师 ② 工技师 ③ 高级工 ④ 中级工 ⑤ 初级工 ⑥ 不限			① 十分紧缺 ② 比较紧缺 ③ 一般 ④ 不怎么紧缺 ⑤ 不紧缺	① 十分满意 ② 比较满意 ③ 一般 ④ 不怎么满意 ⑤ 不满意	
轻工业		① 51岁以上 ② 36～50岁 ③ 28～35岁 ④ 28岁以下 ⑤ 不限		① 高级技师 ② 工技师 ③ 高级工 ④ 中级工 ⑤ 初级工 ⑥ 不限			① 十分紧缺 ② 比较紧缺 ③ 一般 ④ 不怎么紧缺 ⑤ 不紧缺	① 十分满意 ② 比较满意 ③ 一般 ④ 不怎么满意 ⑤ 不满意	
		① 51岁以上 ② 36～50岁 ③ 28～35岁 ④ 28岁以下 ⑤ 不限		① 高级技师 ② 工技师 ③ 高级工 ④ 中级工 ⑤ 初级工 ⑥ 不限			① 十分紧缺 ② 比较紧缺 ③ 一般 ④ 不怎么紧缺 ⑤ 不紧缺	① 十分满意 ② 比较满意 ③ 一般 ④ 不怎么满意 ⑤ 不满意	

续表

重点产业	岗位名称	年龄结构	专业背景	技术等级要求	人才需求数量	人才主要来源	人才紧缺程度	高职毕业生用工满意度	高职毕业生岗位胜任问题
轻工业		① 51岁以上 ② 36~50岁 ③ 28~35岁 ④ 28岁以下 ⑤ 不限		① 高级技师 ② 工技师 ③ 高级工 ④ 中级工 ⑤ 初级工 ⑥ 不限			① 十分紧缺 ② 比较紧缺 ③ 一般 ④ 不怎么紧缺 ⑤ 不紧缺	① 十分满意 ② 比较满意 ③ 一般 ④ 不怎么满意 ⑤ 不满意	
		① 51岁以上 ② 36~50岁 ③ 28~35岁 ④ 28岁以下 ⑤ 不限		① 高级技师 ② 工技师 ③ 高级工 ④ 中级工 ⑤ 初级工 ⑥ 不限			① 十分紧缺 ② 比较紧缺 ③ 一般 ④ 不怎么紧缺 ⑤ 不紧缺	① 十分满意 ② 比较满意 ③ 一般 ④ 不怎么满意 ⑤ 不满意	
金属制品业		① 51岁以上 ② 36~50岁 ③ 28~35岁 ④ 28岁以下 ⑤ 不限		① 高级技师 ② 工技师 ③ 高级工 ④ 中级工 ⑤ 初级工 ⑥ 不限			① 十分紧缺 ② 比较紧缺 ③ 一般 ④ 不怎么紧缺 ⑤ 不紧缺	① 十分满意 ② 比较满意 ③ 一般 ④ 不怎么满意 ⑤ 不满意	
		① 51岁以上 ② 36~50岁 ③ 28~35岁 ④ 28岁以下 ⑤ 不限		① 高级技师 ② 工技师 ③ 高级工 ④ 中级工 ⑤ 初级工 ⑥ 不限			① 十分紧缺 ② 比较紧缺 ③ 一般 ④ 不怎么紧缺 ⑤ 不紧缺	① 十分满意 ② 比较满意 ③ 一般 ④ 不怎么满意 ⑤ 不满意	
		① 51岁以上 ② 36~50岁 ③ 28~35岁 ④ 28岁以下 ⑤ 不限		① 高级技师 ② 工技师 ③ 高级工 ④ 中级工 ⑤ 初级工 ⑥ 不限			① 十分紧缺 ② 比较紧缺 ③ 一般 ④ 不怎么紧缺 ⑤ 不紧缺	① 十分满意 ② 比较满意 ③ 一般 ④ 不怎么满意 ⑤ 不满意	

续表

重点产业	岗位名称	年龄结构	专业背景	技术等级要求	人才需求数量	人才主要来源	人才紧缺程度	高职毕业生用工满意度	高职毕业生岗位胜任问题
金属制品业		① 51岁以上 ② 36~50岁 ③ 28~35岁 ④ 28岁以下 ⑤ 不限		① 高级技师 ② 工技师 ③ 高级工 ④ 中级工 ⑤ 初级工 ⑥ 不限			① 十分紧缺 ② 比较紧缺 ③ 一般 ④ 不怎么紧缺 ⑤ 不紧缺	① 十分满意 ② 比较满意 ③ 一般 ④ 不怎么满意 ⑤ 不满意	
纺织服装产业		① 51岁以上 ② 36~50岁 ③ 28~35岁 ④ 28岁以下 ⑤ 不限		① 高级技师 ② 工技师 ③ 高级工 ④ 中级工 ⑤ 初级工 ⑥ 不限			① 十分紧缺 ② 比较紧缺 ③ 一般 ④ 不怎么紧缺 ⑤ 不紧缺	① 十分满意 ② 比较满意 ③ 一般 ④ 不怎么满意 ⑤ 不满意	
纺织服装产业		① 51岁以上 ② 36~50岁 ③ 28~35岁 ④ 28岁以下 ⑤ 不限		① 高级技师 ② 工技师 ③ 高级工 ④ 中级工 ⑤ 初级工 ⑥ 不限			① 十分紧缺 ② 比较紧缺 ③ 一般 ④ 不怎么紧缺 ⑤ 不紧缺	① 十分满意 ② 比较满意 ③ 一般 ④ 不怎么满意 ⑤ 不满意	
纺织服装产业		① 51岁以上 ② 36~50岁 ③ 28~35岁 ④ 28岁以下 ⑤ 不限		① 高级技师 ② 工技师 ③ 高级工 ④ 中级工 ⑤ 初级工 ⑥ 不限			① 十分紧缺 ② 比较紧缺 ③ 一般 ④ 不怎么紧缺 ⑤ 不紧缺	① 十分满意 ② 比较满意 ③ 一般 ④ 不怎么满意 ⑤ 不满意	
纺织服装产业		① 51岁以上 ② 36~50岁 ③ 28~35岁 ④ 28岁以下 ⑤ 不限		① 高级技师 ② 工技师 ③ 高级工 ④ 中级工 ⑤ 初级工 ⑥ 不限			① 十分紧缺 ② 比较紧缺 ③ 一般 ④ 不怎么紧缺 ⑤ 不紧缺	① 十分满意 ② 比较满意 ③ 一般 ④ 不怎么满意 ⑤ 不满意	

续表

重点产业	岗位名称	年龄结构	专业背景	技术等级要求	人才需求数量	人才主要来源	人才紧缺程度	高职毕业生用工满意度	高职毕业生岗位胜任问题
纺织服装产业		① 51岁以上 ② 36～50岁 ③ 28～35岁 ④ 28岁以下 ⑤ 不限		① 高级技师 ② 工技师 ③ 高级工 ④ 中级工 ⑤ 初级工 ⑥ 不限			① 十分紧缺 ② 比较紧缺 ③ 一般 ④ 不怎么紧缺 ⑤ 不紧缺	① 十分满意 ② 比较满意 ③ 一般 ④ 不怎么满意 ⑤ 不满意	

参考文献

李德方，王明伦. 高等职业教育发展新论［M］. 北京：知识产权出版社，2017.

张佳. 高等职业教育与区域经济互动问题的实证研究［M］. 成都：西南交通大学出版社，2018.

黄艳. 产教融合的研究与实践［M］. 北京：北京理工大学出版社，2019.

贺星岳. 现代高职的产教融合范式［M］. 杭州：浙江大学出版社，2015.

李德方. 省域职业教育校企合作研究：基于江苏实践的考察［M］. 苏州：苏州大学出版社，2019.

赵金玲. 校企合作、产教融合培养高素质应用型旅游人才：海口旅游职业学校的实践研究［M］. 北京：旅游教育出版社，2019.

张俊英. 学校与企业：校企互动双向介入的理论实践［M］. 北京：中国人民大学出版社，2010.

胡赤弟. 产教融合：制度·路径·模式：2017宁波高等教育研究论坛论文集［M］. 杭州：浙江工商大学出版社，2018.

黄凯南. 现代演化经济学基础理论研究［M］. 杭州：浙江大学出版社，2010.

贺星岳. 现代高职的产教融合范式［M］. 杭州：浙江大学出版社，2015.

桑雷，尹玉珍，马蕾. 基于区域产业结构调整的高职专业结构动态调整与优化机制［J］. 高等农业教育，2014（8）.

刘燕. 基于产业转型升级的职业院校专业动态调整机制研究［J］. 教育探索，2016（11）.

赵晓妮. 高职院校专业建设的现实之囿与治理之道：基于产业转型升级视角［J］. 教育探索，2016（10）.

祝成林，柳小芳．产教融合背景下高职教育培养技术技能人才的困境与路径［J］．职业技术教育，2015（34）．

董袁泉．"供给侧"改革视角下现代职业教育的专业建设［J］．湖北函授大学学报，2017（20）．

朱伟芳．高职院校专业建设"产教融合"实施路径研究［J］．疯狂英语（理论版），2017（2）．

王晓华．产业转型升级背景下高职教育专业设置透视：以在杭高职高专院校为例［J］．中国高教研究，2013（2）．

胡清，易飚．高职机械类专业学生实践创新能力培养体系构建研究［J］．职业教育研究，2013（5）．

丁国华．产业转型升级对上海高职院校专业设置与专业教学的影响及改革对策［J］．职教论坛，2015（12）．

哈满林．产教融合视阈下高职院校涉农专业建设研究：以安徽省为例［J］．职业教育研究，2016（5）．

刘晓军．江苏高职教育供给侧改革的目标、任务与路径［J］．教育与职业，2017（24）．

刘晓，刘晓宁．以服务产业转型升级为导向提升高职专业建设［J］．中国高等教育，2017（Z1）．

何玲辉．基于产教融合的高职物流管理专业建设研究［J］．物流工程与管理，2014（10）．

张睿．产教融合背景下高职物流管理专业建设与人才培养的深度剖析［J］．物流科技，2016（3）．

刘甲珉，徐占鹏．基于产教融合的高职服务外包专业建设"四融"模式探索与实践：以青岛职业技术学院服务外包专业建设为例［J］．职教论坛，2014（12）．

王新年，姜涛．基于产教融合的高职"机械制造与自动化"品牌专业建设研究：结合黑龙江农业工程职业学院高水平骨干专业建设［J］．职业技术，2017（5）．

朱志辉，肖凡平．基于"产教融合"的省级电子商务品牌专业建设与实践［J］．经贸实践，2017（14）．

刘上冰．依托专业办企业　融入产业强专业：高职专业建设模式探究：以湖南软件职业学院动漫专业为例［J］．中国培训，2016（8）．

孙丽婷，杨明宏，祝峰．云南边疆少数民族地区职业教育发展的困境与突破：基于政策分析的视角［J］．学园，2017（7）．

黄凯南，何青松，程臻宇．演化增长理论：基于技术、制度与偏好的共同演化［J］．东岳论丛，2014（2）．

朱厚望，刘阳，龚添妙．湖南高职院校专业与产业对接机理及路径研究［J］．高等职业教育（天津职业大学学报），2016（5）．

贺团涛，曾德明．知识创新生态系统的理论框架与运行机制研究［J］．情报杂志，2008（6）．

毛雁冰，孙凯．供需错位条件下供给侧结构性改革的路向［J］．新疆师范大学学报（哲学社会科学版），2016（3）．

张旭，郭菊娥，郝凯冰．高等教育"供给侧"综合改革推动创新创业发展［J］．西安交通大学学报（社会科学版），2016，36（1）．

吴哲．高职院校专业建设与区域产业结构发展的耦合路径：以东莞职业技术学院为例［J］．佳木斯教育学院学报，2012（6）．

韦宝畏，冉昊．吉林省产业结构调整与高职院校专业设置耦合探析［J］．甘肃科技纵横，2017（10）．

沈陆娟．高职专业设置与产业结构耦合策略研究［J］．中国职业技术教育，2018（26）．

陈雯静．高职院校专业设置与地方产业结构耦合研究：以长沙市为例［J］．晋城职业技术学院学报，2018（5）．

刘耀彬，李仁东，宋学锋．中国城市化与生态环境耦合度分析［J］．自然资源学报，2005（1）．

徐仙英，张雪玲．中国产业结构优化升级评价指标体系构建及测度［J］．生产力研究，2016（8）．

徐秋艳，房胜飞．高等教育供给结构与产业结构升级的耦合协调性分析［J］．统计与决策，2019（8）．

付凌晖．我国产业结构高级化与经济增长关系的实证研究［J］．统计研究，2010（8）．

干春晖，郑若谷，余典范．中国产业结构变迁对经济增长和波动的影响［J］．经济研究，2011（5）．

曲建忠．我国高等教育与经济发展协调性的定量评价［J］．湖南社会科学，2013（1）．

张立新．新兴城市高等教育与经济系统耦合协调度实证研究：以日照与威海两市2000～2011年的数据分析为例［J］．大连理工大学学报（社会科学版），2015（1）.

张亚飞，贾圣强. 郑州市高等教育与区域经济耦合分析及预测 [J]. 郑州师范教育，2018（4）.

陈重桦，宋建军. 我国中等职业教育专业结构与产业结构耦合协调关系研究 [J]. 新疆职业教育研究，2018（3）.

张云峰，陈洪全. 江苏沿海城镇化与生态环境协调发展量化分析 [J]. 中国人口·资源与环境，2011（S1）.

许爱景. 高等教育投入与经济增长的计量和耦合协调分析：基于中国省际面板数据的实证研究 [J]. 山东财政学院学报，2011（5）.

李春林，丁波，吴彪，韩姝婷. 地方院校专业设置与产业结构吻合度实证分析：以产业结构变革为背景 [J]. 学理论，2016（7）.

陈年友，周常青，吴祝平. 产教融合的内涵与实现路径 [J]. 中国高校科技，2014（8）.

杨善江. 产教融合：产业深度转型下现代职业教育发展的必由之路 [J]. 教育与职业，2014（33）.

罗汝珍. 职业教育产教融合政策的制度学逻辑分析 [J]. 职业技术教育，2016（16）.

李占军. 高职专业建设要素组合的逻辑顺序 [J]. 职教论坛，2008（4）.

贺修炎. 构建利益相关者共同治理的高职教育校企合作模式 [J]. 教育理论与实践，2008（11）.

孟秀玲，许兴维，王庆民. 哈密地区打造丝绸之路经济带核心区重要增长极 [J]. 实事求是，2015（1）.

黄亮雄，安苑，刘淑琳. 中国的产业结构调整：基于三个维度的测算 [J]. 中国工业经济，2013（10）.

高远东，张卫国，阳琴. 中国产业结构高级化的影响因素研究 [J]. 地理经济，2015（6）.

金蕾. 澳大利亚职业教育产教融合路径的认知与启示 [J]. 艺术科技，2016（10）.

张晓明. 职业教育专业结构合理化评价标准新探 [J]. 职业教育研究，1991（6）.

黄凯南. 共同演化理论研究评述 [J]. 中国地质大学学报（社会科学版），2008，8（7）.

覃川. 破解"不平衡不充分",高职院校怎么做 [N]. 光明日报,2017-11-02.

邱开金. 产教融合如何才能水乳交融 [N]. 中国教育报,2014-03-03.

李建忠. "一带一路"给职业教育带来怎样的发展机遇 [N]. 中国教育报,2015-05-02.

徐亦平. 产教融合下的人才培养 [N]. 光明日报,2014-08-12.

Giret, J. F. L'Activité Rémunérée des Étudiants [J]. *La Documentation Française*, 2011 (1).

Grytnes, R., Grill, M., Pousette, A., Törner, M., and Nielsen, K. J. Apprentice or Student? The Structures of Construction Industry Vocational Education and Training in Denmark and Sweden and their Possible Consequences for Safety Learning [J]. *Vocational and Learning*, 2018 (11).

Fjellström, M. Vocational Education in Practice: A Study of Work-based Learning in a Construction Program at a Swedish upper Secondary School [J]. *Empirical Research in Vocational Education and Training*, 2014 (2).

Masson, J. R., Baati, M., Seyfried, E. Quality and Quality Assurance in Vocational Education and Training in the Mediterranean Countries: Lessons from the European Approach [J]. *European Journal of Education*, 2010 (45).

Sala, H., Silva, J. I., Toledo, M. Flexibility at the Margin and Labor Market Volatility in OECD Countries [J]. *Journal of Economics*, 2012 (114).

Fraser, S. The Role for Technical and Vocational Education and Training and Donor Agencies in Developing Economies [J]. *Global Policy*, 2014 (11).

Ehrhilch, P., Raven, P. Butterflies and Plants: A Study in Co-evolution [J]. *Evolution*, 1964, 18 (4).

Nargaard, R. B. Environmental Economics: An Evolutionary Critique and Plea for Pluralism [J]. *Journal of Environmental Economics and Management*, 1985, 12 (4).

Volberda, E., D. S. Wilson. Unto others: The Evolution and Psychology of Unselfish Behavior [M]. Cambridge: Harvard University Press, 1998.

Jouhtio, M. Co-evolution of Industry and its Institutional Environment [Z]. Working Paper of the Institute of Strategy and International Business in Helsinki University of Technology, 2006.

Hodgson, G. M. Darwinism in Economics: from Analogy to Ontology [J]. *Journal of Evolutionary Economics*, 2002 (12).

Melaerba, F. Innovation and the Evolution of Industries [J]. *Journal of Evolutionary Economics*, 2006 (16).

Romer, P. M. Endogenous Technological Change [J]. *Journal of Political Economy*, 1990 (98).

Grossman, G. M., Helpman, E. Innovation and Growth in the Global Economy [M]. The IMT Press, Cambridge. MA. 1991.

Aghion, P., Howitt, P. A Model of Growth through Creative Destruction [J]. *Econometric*, 1992 (60).

Alcouffe, A., Kuhn, T. Schumpeterian Endogenous Growth Theory and Evolutionary Economics [J]. *Journal of Evolutionary Economics*, 2004 (14).

Jovanovic, B., Yatsenko, Y. Investment in Vintage Capital [J]. *Journal of Economic Theory*, 2012, 147 (2).

Shannon. C. E. A Mathematical Theory of Communication [J]. *Bell System Technical Journal*, 1948 (27).

Schultz, T. W. The Economic Value of Education [M]. New York: Columbia University, 1994.